特殊奧運
——地板球——

2018 特奧地板球運動規則

（版本：2018 年 6 月）

1 總則

正式特奧地板球運動規則將規範所有特奧地板球賽事。針對這項國際運動項目，特奧會依據國際地板球協會（IFF，International Floorball Federation）的地板球規則（詳見 http://www.floorball.org）訂定了相關規則。國際地板球協會（IFF）或全國運動管理機構（NGB）之規則應予以採用，除非該等規則與正式特奧地板球運動規則或特奧通則第 1 條有所牴觸。若有此情形，應以正式特奧地板球運動規則為準。

有關行為準則、訓練標準、醫療與安全規範、分組、獎項、比賽升等條件及融合運動團體賽等資訊，請參閱特奧通則第 1 條：http://media.specialolympics.org/resources/sports-essentials/general/Sports-Rules-Article-1.pdf。

2 正式比賽

比賽項目旨在為不同能力的運動員提供比賽機會。各賽事可視情況決定所提供的比賽項目及視必要性訂定管理比賽項目之規章。教練可因應運動員的能力及興趣，選擇合適的項目加以培訓。

下列為特殊奧林匹克提供的正式項目。

2.1 4 對 4 團體賽

2.2 6 對 6 團體賽

2.3 融合團體賽

2.4 個人技術賽

3 分組

3.1 分組賽

1. 分組賽中，每隊將參與至少兩場比賽，每場最少 5 分鐘（4 對 4）或 7 分鐘（6 對 6 及融合）。

3.2 守門員

1. 能力評估委員會應確保所有守門員皆經充分評估。

4 4 對 4 團體賽規則

4.1 場地

- 球場尺寸

1. 球場最小應為 20 公尺 x12 公尺,最大不得超過 24 公尺 x14 公尺,以圓滑轉角的隔板圍起,經 IFF 認證並依規加以標示。

2. 球場應為長方形,上述尺寸為長 x 寬。

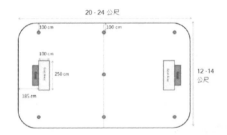

- 球場標示

1. 所有標示均應以 4 至 5 公分寬、醒目可見的線條標示。

2. 球場上應標示中線與中點。中線應與球場的短邊平行,將球場分為 2 個相同大小的半場。

- 球場標示

1. 守門員區應為長方形,上述尺寸為含標示線條的長 x 寬。守門員區應位於相對於球場長邊的中央位置。

2. 守門員區後方端線同時也是球門線。球門柱標示應位於守門員區後方端線上,標示間距為 1.6 公尺。

3. 球門線應位於相對於球場長邊的中央位置。球門柱標示應截斷守門員區後方端線,或使用與守門員區後方端線垂直的短線條做為標示。

4. 爭球點應標示於中線以及球門線的假想延長線上，各距離球場長邊 1 公尺。爭球點應以十字標示。中線上的爭球點可以是假想爭球點，不一定要標示。

- **球門**

　1. 球門應經 IFF 認證並依規加以標示，與球門柱一同置於規定標示上。

　2. 球門大小應為 160 公分 x115 公分 x60 公分。

　3. 球門開口應面向中點。

- **替補區**

　1. 替補區應標示於隔板的兩側，寬度不得超過 3 公尺（自隔板量起）。

　2. 運動員休息區與隔板的距離應適中，空間必須足以供所有未上場隊員（包括教練）使用。

- **記錄台和判罰區**

　1. 記錄台和判罰區應位於替補區對面，設置在中線旁、場地中可用空間或依最佳安全做法設置。

　2. 記錄台和判罰區與隔板的距離應適中。各隊應有專屬判罰區，分別設於記錄台的兩側。

　3. 各判罰區應至少能容納 2 位運動員。經管理單位同意，可免設置記錄台和判罰區。

- **場地檢查**

　1. 裁判應於賽前及早檢查場地，確保所有缺損能及時修正。

　2. 所有缺損均應依規呈報。場地整理小組應負責修正所有缺損，確保比賽期間隔板處於良好狀態。所有危險物品均應移除或加上軟墊。

4.2　參賽人員

- **參賽隊伍人數將由競賽組決定。在世界特奧運動會中，各參賽隊伍的人數不得超過 10 人。**

- **運動員**

　1. 建議球隊人數為最少 6 名參賽運動員與 2 名守門員。

2. 運動員可以擔任參賽運動員或守門員。未登錄的運動員不得參與比賽或出現在該隊的替補區。

3. 比賽期間，每隊最多同時只能有 4 名運動員在球場上（含 1 名守門員）。

4. 裁判開始比賽時，各隊應有至少 3 名運動員和 1 名裝備齊全的守門員上場，否則最後成績應為未犯規隊伍以 3-0 獲勝。比賽期間，各隊須有至少 3 名運動員能上場比賽，否則應停止比賽，且最後成績將由未犯規隊伍以 3-0 獲勝（或若未犯規隊伍在分數上較佔優勢，則以當時比數做為最後成績）。

5. 運動員替補

（1）比賽期間可隨時替補運動員，替補次數不限。

（2）運動員替補應於各隊的替補區進行。離場運動員越過球場隔板後，替補運動員才可進入球場。若運動員受傷離開球場上替補區之外區域，必須先中斷比賽才能替補運動員。

6. 守門員適用規則

（1）比賽記錄中應明確標示所有守門員的身分。

（2）應於記錄旁以「G」加以標示。標示為守門員者，於同場比賽中不得以參賽運動員身分持桿上場比賽。若因受傷或判罰而必須以參賽運動員取代守門員，隊伍有最多 3 分鐘時間讓替換運動員穿戴裝備，但這段時間不得用於暖身。新守門員身分須標示於比賽記錄中，同時應記錄替換的時間。

（3）守門員可隨時由參賽運動員替換上場。

（4）若守門員於比賽中完全離開球門區，在回到球門區前，應視該守門員為不持桿的參賽運動員（此規則不適用於守門員擲球後）。當守門員身體任一部分皆不接觸球門區內地板時，則視為完全離開球門區。但守門員於己方球門區內跳起時則不在此限。標示線亦屬於球門區的一部分。

6.隊長適用規則

（1）每隊應有 1 名隊長，並應明確標示於比賽記錄中。

（2）應於記錄旁以「C」加以標示。只有發生受傷、生病或禁賽的情況，才能更換隊長，而且必須與更換時間一同記載於比賽記錄中。被替換的隊長在同一場比賽中不得再次擔任隊長。

4.3　器材

● **運動員服裝**

1.所有隊員應穿著制服，含球衣、短褲和及膝長襪。同一隊的隊員均應穿著相同制服。隊伍制服可以是任何配色，但球衣不得為灰色。若裁判認定無法分辨兩隊的制服，則客隊必須更換制服。襪子必須拉至膝高並彼此統一；此外，管理單位亦可規定各隊的襪子必須有所區別。

2.所有守門員應穿著球衣和長褲。

3.球衣均應印有號碼。隊伍球衣前後均應以阿拉伯數字清楚印上各自的號碼（須為整數）。背後號碼高度不得小於 200 公釐，胸前號碼則不得小於 70 公釐。球衣號碼可以是 1~99（含）之間的任何數字，但參賽運動員不得使用 1 號。

4.所有運動員皆須穿著鞋子。

5.鞋子必須是室內運動用鞋。襪子不得穿在鞋子外面。若運動員在比賽中單腳或雙腳的鞋子掉落，在下次比賽中斷前可繼續比賽。

● **裁判服裝**

1.裁判應穿著球衣、黑色短褲和黑色及膝長襪。

2.所有裁判應穿著相同配色的制服。

● **守門員適用裝備**

1.守門員不得使用球桿。

2.守門員必須穿戴 IFF 認證的面罩，並依規加以標示；此規則僅適用於球場上比賽期間。除彩繪外，禁止對面罩進行任何修改。

3. 守門員可使用任何類型的護具，但不得使用會擋住球門的裝備。

   （1）可使用頭盔和薄手套。

   （2）禁止使用任何形式的具黏合性或抗摩擦材質。

   （3）球門上方或內側不得有任何物品。

- **隊長適用裝備**

  1. 隊長必須穿戴臂章。

  2. 臂章應戴於左手臂上並清楚可見。不得使用膠帶取代臂章。

- **個人裝備**

  1. 運動員不得穿戴有受傷風險的個人裝備。

  2. 個人裝備包括護具和醫療器材、手錶、耳環等。裁判有權決定哪些物品可能造成危險。若情況允許，所有護具應穿在衣服內。除平滑的彈性髮帶外，不得穿戴任何頭套。參賽運動員禁止穿任何形式的緊身長褲。

  3. 若任何運動員依醫生處方須穿戴護目鏡（須經 IFF 認證）或頭部護具，必須是以軟質材料製成。

- **球**

  1. 球的重量為 23 公克，直徑為 72 公釐，球上有 26 個直徑 11 公釐的洞；球須經 IFF 認證並依規加以標示。

- **球桿**

  1. 球桿須經 IFF 認證並依規加以標示。

     （1）除截短外，禁止對桿軸進行任何修改。桿軸握把上方可以布條綑綁，但不能蓋住官方標誌。

  2. 不可使用尖銳桿刃，且彎曲度須小於 30 公釐。

     （1）除調整彎曲度外，禁止對桿刃進行任何修改。彎曲度的丈量會從桿刃內側最高點量至球桿平放的平面。可以更換桿刃，但新桿刃不可已脆化。桿刃與桿軸之間可使用膠帶接合，但不可覆蓋桿刃超過 10 公釐。

- **裁判裝備**

  1.裁判應配有塑膠中型口哨、丈量器材和紅牌。

  2.經管理單位同意，可使用其他類型的口哨。

- **記錄台器材**

  1.記錄台應配有執行職責所需的所有器材。

- **器材控管**

  1.裁判應決定所有器材的控管與丈量。

  （1）器材檢查應於比賽前和比賽中進行。賽前若發現任何器材問題（包括球桿瑕疵），相關運動員應予以修正，才能開始比賽。除個人裝備和次要的球桿瑕疵（例如：球桿有小洞或彩繪，相關運動員應予以修正後才能繼續比賽），比賽期間發現的所有器材問題都應給予適當判罰。

  （2）針對運動員制服和隊長臂章相關違例，每場比賽中每隊最多僅可被判罰一次。然而，所有不符規定的器材均應依規呈報。丈量器材時，只有隊長和持有該器材的運動員可待在記錄台。丈量完成後，比賽將依據比賽中斷的原因重新開始。

  2.隊長可要求丈量桿刃彎曲度。

  （1）隊長亦有權向裁判指出對手器材的缺失，但將由裁判裁決是否予以判罰。隊長可隨時提出丈量要求，但必須等到比賽中斷時才執行丈量。於比賽中斷時（包括進球和罰球後）提出的丈量要求應立即執行，除非裁判認定這對對手隊伍有負面影響。若是如此，則將於下次比賽中斷時進行丈量。

  （2）裁判必須依隊長要求檢查桿刃彎曲度，但每次比賽中斷期間每隊只能丈量一次。丈量器材時，只有隊長和持有該器材的運動員可待在記錄台。丈量完成後，比賽將依據比賽中斷的原因重新開始。

4.4 裁判

- 比賽應由1或2名獲美國地板球協會（National Floorball

Association）認可的裁判負責主持和管控。

• 若裁判認定有明顯無法依規繼續比賽的風險，則有權停止比賽。

4.5　記錄台

• 比賽應設置記錄台。

• 記錄台應保持中立，並負責記錄比賽、時間或廣播工作。

4.6　比賽時間

• 正規比賽時間

1. 正規比賽時間可介於 2 局各 7 分鐘（中場休息最多 3 分鐘）至 2 局各 15 分鐘（中場休息最多 5 分鐘）；中場休息時兩隊應交換場地。比賽時間可視大會賽程與參賽隊伍數予以調整。

2. 交換場地時，兩隊的替補區也應互換。主場隊伍應於賽前及早選邊。新的一局將由兩隊於中點進行爭球開始比賽。每一局結束時，除非有自動設備，否則記錄台應負責鳴笛或以其他合適的聲音裝置提示。一局結束時，中場休息計時隨即開始。隊伍有責任在中場休息結束後準時回到球場上繼續比賽。

3. 前述比賽時間指的是有效時間，但視使用場地或同時進行的比賽數量，若為方便比賽排程亦可不停止計時。

（1）有效比賽時間是指，裁判吹哨中斷比賽時應停錶，並在繼續比賽時恢復計時。

（2）比賽非正常中斷時，裁判應連吹三聲哨。除下列情形外，將由裁判認定哪些屬於非正常中斷：球損壞、隔板破裂、受傷、器材丈量、未獲得許可的人或物出現在球場上、燈光完全或部分熄滅、以及誤吹比賽結束信號。

（3）若隔板破裂，比賽不須立即中斷，可等到球接近隔板破裂的位置才中斷比賽。懷疑有嚴重受傷或受傷運動員直接影響比賽時，才須因受傷中斷比賽。

（4）經管理單位同意可不停止計時，也就是說比賽僅在下列情形停

錶：進球、犯規、罰球、暫停或比賽非正常中斷而裁判連吹三聲哨時。正規比賽時間的最後 2 分鐘永遠都算有效時間。

（5）罰球時應停錶。

- **暫停**

1. 暫停僅適用於採有效時間制的比賽。

2. 正規比賽時間內，每隊有權要求一次暫停；裁判連吹三聲哨中斷比賽後就立刻開始執行。

3. 隊伍可隨時要求暫停，包括進球和罰球後，但只能由隊長或球隊人員提出要求。於比賽中斷時提出的暫停要求應立即執行，但若裁判認定這對對手隊伍有負面影響，則將於下次比賽中斷時執行。暫停要求提出後一律須執行；但隊伍可在進球後撤回暫停要求。

4. 暫停會在裁判吹哨後開始計時，隊伍應待在替補區中，裁判則待在記錄台。暫停 30 秒後裁判將吹哨結束暫停。暫停結束後，比賽將依據比賽中斷的原因重新開始。受罰運動員不得參與暫停。

- **延長賽**

1. 若比賽結束時為平手，但必須分出勝負，則應延長比賽最多 5 分鐘。

2. 延長賽前各隊有 2 分鐘的中場休息時間，但不交換場地。延長賽適用正規比賽中開始與停止比賽的相關規則。延長賽不分局。正規比賽時間後，尚未執行完畢的球監將延續至延長賽。若延長賽後分數仍相同，將以罰球決定比賽勝負。

- **限時延長賽後之罰球**

1. 兩隊各派 3 名參賽運動員各進行一次罰球。

2. 若罰球後兩隊分數仍平手，則由相同運動員繼續輪流各進行一次罰球，直到分出勝負。

3. 罰球將由兩隊輪流進行。由裁判決定使用哪一側球門，並由兩隊隊長抽籤決定順序。抽籤勝出隊伍將決定誰先罰球。隊長或球隊人員應以書面方式，向裁判和記錄台告知運動員編號和罰球的順序。裁

判有責任確保罰球順序與球隊人員所述相同。

4. 罰球期間一旦分出勝負，比賽即告結束，而獲勝隊伍將被視為以 1 分取勝。正規罰球期間，當其中一隊進球數多於對手剩餘可罰球數時，就算分出勝負。若進行額外罰球，當兩隊罰球次數相同，但其中一隊進球數較對手多出一球，就算分出勝負。額外罰球時不須依照正規罰球期間的順序，但運動員須等到名單上隊友均完成至少兩次罰球後，才能進行第三次罰球，以此類推。

5. 受罰運動員若未遭禁賽，則可參與罰球。若運動員在罰球期間須接受判罰，將由隊長挑選 1 名不在名單上的運動員來替換要受罰的運動員。若守門員在罰球期間須接受判罰，將由候補守門員取代。若隊上沒有候補守門員，該隊有最多 3 分鐘時間讓不在名單上的參賽運動員穿戴裝備上場，但這段時間不得用於暖身。新守門員身分須標示於比賽記錄中，同時應記錄替換的時間。若隊伍無法有 3 位參賽運動員上場罰球，則可罰球次數將與上場人數相同。此規則亦適用於額外罰球期間。

6. 檢查運動員的編號。

- 計分方式：進球

  1. 得分

     （1）有效進球後於中點進行爭球，即算得分。

     （2）所有得分，連同得分時間、得分運動員和助攻運動員的編號，皆應記載於比賽記錄中。助攻運動員是指同一隊中直接參與得分的運動員。每次得分記錄中應只有 1 名助攻運動員。延長賽中的得分或一局或比賽結束後的罰球得分不須於中點進行爭球，只要兩位裁判手都指向中點，且有相關比賽記錄，則算得分。

     （3）已確認的得分無法取消。

     （4）若裁判確定得分有誤，應依規呈報。

  2. 有效進球

（1）參賽運動員使用球桿讓球以正當方式自前方完全穿過球門線，且進攻方在進球前後皆未犯規導致任意球或罰球，包括下列情形：

　（1.1）當防守方運動員使球門移位，而球自前方從球門柱之間和球門框假想位置下方穿過球門線。

　（1.2）防守方運動員以球桿或身體進球的烏龍球（Own Goal）。若暫緩判罰期間，未犯規隊伍打出烏龍球，得分算有效。

　（1.3）烏龍球應加註「OG」。

（2）防守方運動員以球桿或身體引導球自前方完全穿過球門線，或進攻方運動員非蓄意以身體引導球自前方完全穿過球門線，且進攻方在進球前後皆未犯規導致任意球或罰球。

（3）進攻方運動員若蓄意踢球而引導球進球門，得分不算。若運動員使用規格不符的球桿進球得分，而此錯誤在球穿過球門線後才被發現，得分算有效。

（4）未登錄或編號有誤的運動員參與了得分過程。

註：參與包括得分或助攻。

3. 無效進球

（1）進攻方運動員在進球前後犯規導致任意球或罰球（規定的犯規手勢）。

註：此情形包括一隊有太多人參與得分或受罰運動員出現在場上，以及進攻方運動員蓄意使球門移位。

（2）進攻方運動員蓄意以身體任何部位引導球進球門。

註：由於此項並不算犯規，應以爭球重新開始比賽。

（3）球於裁判鳴笛時或之後穿過球門線。

（4）結束信號一響起，該局或該場比賽即告結束。

（5）球未自前方穿過球門線進入球門。

（6）守門員直接踢或擲球進對手球門。由於此項並不算犯規，應以爭球重新開始比賽。球進球門前必須碰觸另一位運動員或運動員的

裝備。

（7）進攻方參賽運動員蓄意踢球，而球在碰觸另一位運動員或運動員的裝備後進入球門。

註：由於此項並不算犯規，應以爭球重新開始比賽。

（8）犯規隊伍於暫緩判罰期間得分，應先執行判罰，然後以爭球重新開始比賽。

（9）球彈到裁判身上後直接進球。

5 6 對 6 團體賽規則

5.1 場地

- 球場尺寸

  1. 球場至少應為 40 公尺 x20 公尺，以圓滑轉角的隔板圍起，經 IFF 認證並依規加以標示。

  2. 球場應為長方形，上述尺寸為長 x 寬。可允許的球場尺寸最小為 36 公尺 x18 公尺，最大為 44 公尺 x22 公尺。

- 球場圖示

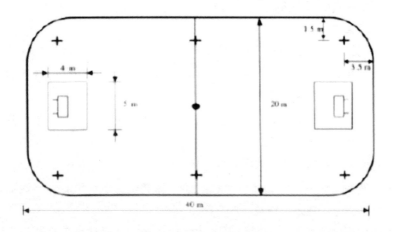

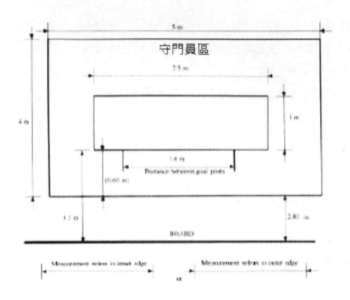

- **球場標示**

1. 所有標示均應以 4 至 5 公分寬、清楚線條標示。
2. 球場上應標示中線與中點。中線應與球場的短邊平行,將球場分為 2 個相同大小的半場。

- **守門員區**

1. 球門區為 4 公尺 x5 公尺,標示於距球場短邊 2.85 公尺處。球門區應為長方形,上述尺寸為含標示線條的長 x 寬。球門區應位於相對於球場長邊的中央位置。
2. 守門員區為 1 公尺 x2.5 公尺,位於球門區後端線前方 0.65 公尺處。守門員區應為長方形,上述尺寸為含標示線條的長 x 寬。守門員區應位於相對於球場長邊的中央位置。
3. 守門員區後方端線同時也是球門線。球門柱標示應位於守門員區後方端線上,標示間距為 1.6 公尺。
4. 球門線應位於相對於球場長邊的中央位置。球門柱標示應截斷守門

員區後方端線，或使用與守門員區後方端線垂直的短線條做為標示。

5. 爭球點應標示於中線以及球門線的假想延長線上，各距離球場長邊 1.5 公尺。爭球點應以十字標示。中線上的爭球點可以是假想爭球點，不一定要標示。

- 球門
  1. 球門應經 IFF 認證並依規加以標示，與球門柱一同置於規定標示上。
  2. 球門大小應為 160 公分 x115 公分 x60 公分。
  3. 球門開口應面向中點。

- 替補區
  1. 替補區應標示於隔板的兩側，寬度不得超過 3 公尺（自隔板量起）。
  2. 運動員休息區與隔板的距離應適中，空間必須足以供所有未上場隊員（包括教練）使用。

- 記錄台和判罰區
  1. 記錄台和判罰區應位於替補區對面，設置在中線旁、場地中可用空間或依最佳安全做法設置。
  2. 記錄台和判罰區與隔板的距離應適中。各隊應有專屬判罰區，分別設於記錄台的兩側。
  3. 各判罰區應至少能容納 2 位運動員。經管理單位同意，可免設置記錄台和判罰區。

- 場地檢查
  1. 裁判應於賽前及早檢查場地，確保所有缺損能及時修正。
  2. 所有缺損均應依規呈報。場地整理小組應負責修正所有缺損，確保比賽期間隔板處於良好狀態。所有危險物品均應移除或加上軟墊。

5.2 參賽人員

- 隊員名單人數
  1. 參賽隊伍人數將由競賽組決定。在世界特奧運動會中，各參賽隊伍的人數不得超過 12 人。

- **運動員**

  1. 各隊可有最少 8 名、最多 12 名運動員（包括 2 名守門員），並應記載於比賽記錄中。

  2. 運動員可以擔任參賽運動員或守門員。未登錄的運動員不得參與比賽或出現在該隊的替補區。

  3. 比賽期間，每隊最多同時只能有 6 名運動員在球場上（含 1 名守門員）。

  4. 裁判開始比賽時，各隊應有至少 5 名運動員和 1 名裝備齊全的守門員上場，否則以 5-0 獲勝。比賽期間，各隊須有至少 4 名運動員能上場比賽，否則應停止比賽，且最後成績將由未犯規隊伍以 5-0 獲勝（或若未犯規隊伍在分數上較佔優勢，則以當時比數做為最後成績）。

- **運動員替補**

  1. 比賽期間可隨時替補運動員，替補次數不限。

  2. 運動員替補應於各隊的替補區進行。離場運動員越過球場隔板後，替補運動員才可進入球場。若運動員受傷離開球場上替補區之外區域，必須先中斷比賽才能替補運動員。

- **守門員適用規則**

  1. 比賽記錄中應明確標示所有守門員的身分。

  2. 應於記錄旁以「G」加以標示。標示為守門員者，於同場比賽中不得以參賽運動員身分持桿上場比賽。若因受傷或判罰而必須以參賽運動員取代守門員，隊伍有最多 3 分鐘時間讓替換運動員穿戴裝備，但這段時間不得用於暖身。新守門員身分須標示於比賽記錄中，同時應記錄替換的時間。

  3. 若守門員於比賽中完全離開球門區，在回到球門區前，應視該守門員為不持桿的參賽運動員（此規則不適用於守門員擲球後）。當守門員身體任一部分皆不接觸球門區內地板時，則視為完全離開球門

區。但守門員於己方球門區內跳起時則不在此限。標示線亦屬於球
門區的一部分。

- **隊長適用規則**

  1. 每隊應有 1 名隊長，並應明確標示於比賽記錄中。

  2. 應於記錄旁以「C」加以標示。只有發生受傷、生病或禁賽的情況，
     才能更換隊長，而且必須與更換時間一同記載於比賽記錄中。被替
     換的隊長在同一場比賽中不得再次擔任隊長。

5.3　器材

- **運動員制服**

  1. 所有隊員應穿著制服，含球衣、短褲和及膝長襪。同一隊的隊員均
     應穿著相同制服。隊伍制服可以是任何配色。若裁判認定無法分辨
     兩隊的制服，則客隊必須更換制服。襪子必須拉至膝高並彼此統一；
     此外，管理單位亦可規定各隊的襪子必須有所區別。

  2. 所有守門員應穿著球衣和長褲。

  3. 球衣均應印有號碼。隊伍球衣前後均應以阿拉伯數字清楚印上各自
     的號碼（須為整數）。背後號碼高度不得小於 200 公釐，胸前號碼
     則不得小於 70 公釐。球衣號碼可以是 1~99（含）之間的任何數字，
     但參賽運動員不得使用 1 號。

  4. 所有運動員皆須穿著鞋子。鞋子必須是室內運動用鞋。襪子不得穿
     在鞋子外面。若運動員在比賽中單腳或雙腳的鞋子掉落，在下次比
     賽中斷前可繼續比賽。

- **裁判制服**

  1. 裁判應穿著球衣、黑色短褲和黑色及膝長襪。

  2. 所有裁判應穿著相同配色的制服。

- **守門員裝備**

  1. 守門員不得使用球桿。

  2. 守門員必須穿戴 IFF 認證的面罩，並依規加以標示；此規則僅適用

於球場上比賽期間。除彩繪外，禁止對面罩進行任何修改。

3.守門員可使用任何類型的護具，但不得使用會擋住球門的裝備。

（1）可使用頭盔和薄手套。

（2）禁止使用任何形式的具黏合性或抗摩擦材質。

（3）球門上方或內側不得有任何物品。

- **隊長裝備**

1.隊長必須穿戴臂章。

2.臂章應戴於左手臂上並清楚可見。不得使用膠帶取代臂章。

- **個人裝備**

1.運動員不得穿戴有受傷風險的個人裝備。

2.個人裝備包括護具和醫療器材、手錶、耳環等。裁判有權決定哪些物品可能造成危險。若情況允許，所有護具應穿在衣服下。除平滑的彈性髮帶外，不得穿戴任何頭套。參賽運動員禁止穿任何形式的緊身長褲。

3.若任何運動員依醫生處方須穿戴護目鏡（須經 IFF 認證）或頭部護具，必須是以軟質材料製成。

- **球**

1.球的重量為 23 公克，直徑為 72 公釐，球上有 26 個直徑 11 公釐的洞；球須經 IFF 認證並依規加以標示。

- **球桿**

1.球桿須經 IFF 認證並依規加以標示。

2.除截短外，禁止對桿軸進行任何修改。桿軸握把上方可以布條綑綁，但不能蓋住官方標誌。

3.不可使用尖銳桿刃，且彎曲度須小於 30 公釐。

4.除調整彎曲度外，禁止對桿刃進行任何修改。彎曲度的丈量會從桿刃內側最高點量至球桿平放的平面。可以更換桿刃，但新桿刃不可已脆化。桿刃與桿軸之間可使用膠帶接合，但不可覆蓋桿刃超過 10

公釐。

- **裁判裝備**

1. 裁判應配有塑膠中型口哨、丈量器材和紅牌。

2. 經管理單位同意，可使用其他類型的口哨。

- **記錄台器材**

1. 記錄台應配有執行職責所需的所有器材。

- **器材控管**

1. 裁判應決定所有器材的控管與丈量。

（1）器材檢查應於比賽前和比賽中進行。賽前若發現任何器材問題（包括球桿瑕疵），相關運動員應予以修正，才能開始比賽。除個人裝備和次要的球桿瑕疵（例如：球桿有小洞或彩繪，相關運動員應予以修正後才能繼續比賽），比賽期間發現的所有器材問題都應給予適當判罰。

2. 針對運動員制服和隊長臂章相關違例，每場比賽中每隊最多僅可被判罰一次。然而，所有不符規定的器材均應依規呈報。丈量器材時，只有隊長和持有該器材的運動員可待在記錄台。丈量完成後，比賽將依據比賽中斷的原因重新開始。

3. 隊長可要求丈量桿刃彎曲度。

（1）隊長亦有權向裁判指出對手器材的缺失，但將由裁判裁決是否予以判罰。隊長可隨時提出丈量要求，但必須等到比賽中斷時才執行丈量。

（2）於比賽中斷時（包括進球和罰球後）提出的丈量要求應立即執行，除非裁判認定這對對手隊伍有負面影響。若是如此，則將於下次比賽中斷時進行丈量。裁判必須依隊長要求檢查桿刃彎曲度，但每次比賽中斷期間每隊只能丈量一次。丈量器材時，只有隊長和持有該器材的運動員可待在記錄台。丈量完成後，比賽將依據比賽中斷的原因重新開始。

5.4 裁判

- 比賽應由兩名獲同等認證的裁判負責主持和管控。
- 若裁判認定有明顯無法依規繼續比賽的風險，則有權停止比賽。

5.5 記錄台

- 比賽應設置記錄台。
- 記錄台應保持中立，並負責記錄比賽、時間或廣播工作。

5.6 比賽時間

- 正規比賽時間

  1. 正規比賽時間應為 3 局各 20 分鐘以及 2 次 10 分鐘的中場休息；中場休息時兩隊應交換場地。比賽時間可視大會賽程與參賽隊伍數予以調整。經管理單位同意，可縮短比賽時間（但不得少於 3 局各 15 分鐘）和／或中場休息時間。

  2. 交換場地時，兩隊的替補區也應互換。主場隊伍應於賽前及早選邊。新的一局將由兩隊於中點進行爭球開始比賽。每一局結束時，除非有自動設備，否則記錄台應負責鳴笛或以其他合適的聲音裝置提示。一局結束時，中場休息計時隨即開始。隊伍有責任在中場休息結束後準時回到球場上繼續比賽。若裁判認定球場的某一邊較占優勢，則兩隊必須在第三局中間換邊；但此做法必須在第三局開始前決定。如上所述換邊後，兩隊將於中點進行爭球繼續比賽。

  3. 前述比賽時間指的是有效時間，但視使用場地或同時進行的比賽數量，若為方便比賽排程亦可不停止計時。

     （1）有效比賽時間是指，裁判吹哨中斷比賽時應停錶，並在繼續比賽時恢復計時。

     （2）比賽非正常中斷時，裁判應連吹三聲哨。除下列情形外，將由裁判認定哪些屬於非正常中斷：球損壞、隔板破裂、受傷、器材丈量、未獲得許可的人或物出現在球場上、燈光完全或部分熄滅、以及誤

吹比賽結束信號。

（3）若隔板破裂，比賽不須立即中斷，可等到球接近隔板破裂的位置才中斷比賽。懷疑有嚴重受傷或受傷運動員直接影響比賽時，才須因受傷中斷比賽。

（4）經管理單位同意可不停止計時，也就是說比賽僅在下列情形停錶：進球、犯規、罰球、暫停或比賽非正常中斷而裁判連吹三聲哨時。正規比賽時間的最後 3 分鐘永遠都算有效時間。

（5）罰球時應停錶。

- **暫停**

  1. 正規比賽時間內，每隊有權要求一次暫停；裁判連吹三聲哨中斷比賽後就立刻開始執行。

  2. 隊伍可隨時要求暫停，包括進球和罰球後，但只能由隊長或球隊人員提出要求。於比賽中斷時提出的暫停要求應立即執行，但若裁判認定這對對手隊伍有負面影響，則將於下次比賽中斷時執行。暫停要求提出後一律須執行；但隊伍可在進球後撤回暫停要求。

  3. 暫停會在裁判吹哨後開始計時，隊伍應待在替補區中，裁判則待在記錄台。暫停 30 秒後裁判將吹哨結束暫停。暫停結束後，比賽將依據比賽中斷的原因重新開始。受罰運動員不得參與暫停。

- **延長賽**

  1. 若比賽結束時為平手，但必須分出勝負，則應延長比賽最多 5 分鐘。

  2. 延長賽前各隊有 2 分鐘的中場休息時間，但不交換場地。

  3. 延長賽適用正規比賽中開始與停止比賽的相關規則。延長賽不分局。正規比賽時間後，尚未執行完畢的球監將延續至延長賽。若延長賽後分數仍相同，將以罰球決定比賽勝負。

- **限時延長賽後之罰球**

  1. 各隊派 5 名參賽運動員各進行一次罰球。

  2. 若罰球後兩隊分數仍平手，則由相同運動員繼續輪流各進行一次罰

球，直到分出勝負。

3. 罰球將由兩隊輪流進行。由裁判決定使用哪一側球門，並由兩隊隊長抽籤決定順序。抽籤勝出隊伍將決定誰先罰球。隊長或球隊人員應以書面方式，向裁判和記錄台告知運動員編號和罰球的順序。裁判有責任確保罰球順序與球隊人員所述相同。

4. 罰球期間一旦分出勝負，比賽即告結束，而獲勝隊伍將被視為以 1 分取勝。正規罰球期間，當其中一隊進球數多於對手剩餘可罰球數時，就算分出勝負。若進行額外罰球，當兩隊罰球次數相同，但其中一隊進球數較對手多出一球，就算分出勝負。額外罰球時不須依照正規罰球期間的順序，但運動員須等到名單上隊友均完成至少兩次罰球後，才能進行第三次罰球，以此類推。

5. 受罰運動員若未遭禁賽，則可參與罰球。若運動員在罰球期間須接受判罰，將由隊長挑選 1 名不在名單上的運動員來替換要受罰的運動員。若守門員在罰球期間須接受判罰，將由候補守門員取代。若隊上沒有候補守門員，該隊有最多 3 分鐘時間讓不在名單上的參賽運動員穿戴裝備上場，但這段時間不得用於暖身。新守門員身分須標示於比賽記錄中，同時應記錄替換的時間。若隊伍無法有 5 位參賽運動員上場罰球，則可罰球次數將與上場人數相同。此規則亦適用於額外罰球期間。

5.7　計分方式

- 得分

1. 有效進球後於中點進行爭球，即算得分。

2. 所有得分，連同得分時間、得分運動員和助攻運動員的編號，皆應記載於比賽記錄中。助攻運動員是指同一隊中直接參與得分的運動員。每次得分記錄中應只有 1 名助攻運動員。延長賽中的得分或一局或比賽結束後的罰球得分不須於中點進行爭球，只要兩位裁判手都指向中點，且有相關比賽記錄，則算得分。

3.已確認的得分無法取消。

4.若裁判確定得分有誤,應依規呈報。

- **有效進球**

1.參賽運動員使用球桿讓球以正當方式自前方完全穿過球門線,且進攻方在進球前後皆未犯規導致任意球或罰球,包括下列情形:

(1)當防守方運動員使球門移位,而球自前方從球門柱之間和球門框假想位置下方穿過球門線。

(2)防守方運動員以球桿或身體進球的烏龍球(Own Goal)。若暫緩判罰期間,未犯規隊伍打出烏龍球,得分算有效。

(3)烏龍球應加註「OG」。

2.防守方運動員以球桿或身體引導球自前方完全穿過球門線,或進攻方運動員非蓄意以身體引導球自前方完全穿過球門線,且進攻方在進球前後皆未犯規導致任意球或罰球。

3.進攻方運動員若蓄意踢球而引導球進球門,得分不算。若運動員使用規格不符的球桿進球得分,而此錯誤在球穿過球門線後才被發現,得分算有效。

4.未登錄或編號有誤的運動員參與了得分過程。註:參與包括得分或助攻。

- **無效進球**

1.進攻方運動員在進球前後犯規導致任意球或罰球。(規定的犯規手勢)

註:此情形包括一隊有太多人參與得分或受罰運動員出現在場上,以及進攻方運動員蓄意使球門移位。

2.進攻方運動員蓄意以身體任何部位引導球進球門。

註:由於此項並不算犯規,應以爭球重新開始比賽。

3.球於裁判鳴笛時或之後穿過球門線。

4.結束信號一響起,該局或該場比賽即告結束。

5. 球未自前方穿過球門線進入球門。

6. 守門員直接踢或擲球進對手球門。

　　註：由於此項並不算犯規，應以爭球重新開始比賽。球進球門前必須碰觸另一位運動員或運動員的裝備。

7. 進攻方參賽運動員蓄意踢球，而球在碰觸另一位運動員或運動員的裝備後進入球門。

　　註：由於此項並不算犯規，應以爭球重新開始比賽。

8. 犯規隊伍於暫緩判罰期間得分，應先執行判罰，然後以爭球重新開始比賽。

9. 球彈到裁判身上後直接進球。

6 融合團體賽規則

6.1　場地

- **球場尺寸**

1. 球場最小應為 24 公尺 x14 公尺，最大不得超過 30 公尺 x15 公尺，以圓滑轉角的隔板圍起，經 IFF 認證並依規加以標示。若隊伍水準夠高，建議使用 30 公尺 x15 公尺的球場進行比賽。

2. 球場應為長方形，上述尺寸為長 x 寬。

- **球場標示**

1. 所有標示均應以 4 至 5 公分寬、醒目可見的線條標示。

2. 球場上應標示中線與中點。中線應與球場的短邊平行，將球場分為 2 個相同大小的半場。

- **守門員區**

1. 守門員區應為長方形，上述尺寸為含標示線條的長 x 寬。守門員區應位於相對於球場長邊的中央位置。

2. 守門員區後方端線同時也是球門線。球門柱標示應位於守門員區後方端線上，標示間距為 1.6 公尺。

3. 球門線應位於相對於球場長邊的中央位置。球門柱標示應截斷守門員區後方端線,或使用與守門員區後方端線垂直的短線條做為標示。

4. 爭球點應標示於中線以及球門線的假想延長線上,各距離球場長邊 1 公尺。爭球點應以十字標示。中線上的爭球點可以是假想爭球點,不一定要標示。

- **球門**

1. 球門應經 IFF 認證並依規加以標示,與球門柱一同置於規定標示上。

2. 球門大小應為 160 公分 x115 公分 x60 公分。

3. 球門開口應面向中點。

- **替補區**

1. 替補區應標示於隔板的兩側,寬度不得超過 3 公尺(自隔板量起)。

2. 運動員休息區與隔板的距離應適中,空間必須足以供所有未上場隊員(包括教練)使用。

- **記錄台和判罰區**

1. 記錄台和判罰區應位於替補區對面,設置在中線旁、場地中可用空間或依最佳安全做法設置。

2. 記錄台和判罰區與隔板的距離應適中。各隊應有專屬判罰區,分別設於記錄台的兩側。

3. 各判罰區應至少能容納 2 位運動員。經管理單位同意,可免設置記錄台和判罰區。

- **場地檢查**

1. 裁判應於賽前及早檢查場地,確保所有缺損能及時修正。

2. 所有缺損均應依規呈報。場地整理小組應負責修正所有缺損,確保比賽期間隔板處於良好狀態。所有危險物品均應移除或加上軟墊。

6.2 參賽人員

- 參賽隊伍人數將由競賽組決定。在世界特奧運動會中,各參賽隊伍的人數不得超過 12 人,建議至少有 10 人(8 位參賽運動員和 2 位守門

員）。融合隊伍必須遵循運動規則第 1 條的隊員名單規則。

- **球員**

1. 建議球隊人數為最少 8 名參賽運動員與 2 名守門員。

2. 運動員可以擔任參賽運動員或守門員。未登錄的運動員不得參與比賽或出現在該隊的替補區。

3. 比賽期間，每隊最多同時只能有 5 名運動員在球場上（含 1 名守門員）。

4. 裁判開始比賽時，各隊應有至少 4 名運動員和 1 名裝備齊全的守門員上場，否則將棄賽。

（1）裁判將依據協會規則制定比賽期間場上的最低運動員人數限制。競賽管理組應制定融合隊伍的隊員比例。

5. 運動員替補

（1）比賽期間可隨時替補運動員，替補次數不限。

（2）運動員替補應於各隊的替補區進行。離場運動員越過球場隔板後，替補運動員才可進入球場。若運動員受傷離開球場上替補區之外區域，必須先中斷比賽才能替補運動員。

6. 守門員適用規則

（1）比賽記錄中應明確標示所有守門員的身分。

（2）應於記錄旁以「G」加以標示。標示為守門員者，於同場比賽中不得以參賽運動員身分持桿上場比賽。若因受傷或判罰而必須以參賽運動員取代守門員，隊伍有最多 3 分鐘時間讓替換運動員穿戴裝備，但這段時間不得用於暖身。新守門員身分須標示於比賽記錄中，同時應記錄替換的時間。

（3）守門員可隨時由參賽運動員替換上場。

（4）若守門員於比賽中完全離開球門區，在回到球門區前，應視該守門員為不持桿的參賽運動員（此規則不適用於守門員擲球後）。當守門員身體任一部分皆不接觸球門區內地板時，則視為完全離開

球門區。但守門員於己方球門區內跳起時則不在此限。標示線亦屬於球門區的一部分。

7. 隊長適用規則

（1）每隊應有 1 名隊長，並應明確標示於比賽記錄中。

（2）應於記錄旁以「C」加以標示。只有發生受傷、生病或禁賽的情況，才能更換隊長，而且必須與更換時間一同記載於比賽記錄中。被替換的隊長在同一場比賽中不得再次擔任隊長。

8. 球隊人員

每隊只能有 3 人在替補區。除暫停外，球隊人員不得在未獲得裁判許可下進入球場。比賽期間球隊人員應待在自己隊的替換區，所有教練指導也都必須在替換區進行。

6.3 器材

- **運動員服裝**

1. 所有隊員應穿著制服，含球衣、短褲和及膝長襪。同一隊的隊員均應穿著相同制服。隊伍制服可以是任何配色。若裁判認定無法分辨兩隊的制服，則客隊必須更換制服。襪子必須拉至膝高並彼此統一；此外，競賽單位亦可規定各隊的襪子必須有所區別。

2. 所有守門員應穿著球衣和長褲。

3. 球衣均應印有號碼。隊伍球衣前後均應以阿拉伯數字清楚印上各自的號碼（須為整數）。背後號碼高度不得小於 200 公釐，胸前號碼則不得小於 70 公釐。球衣號碼可以是 1~99（含）之間的任何數字，但參賽運動員不得使用 1 號。

4. 所有運動員皆須穿著鞋子。

（1）鞋子必須是室內運動用鞋。襪子不得穿在鞋子外面。若運動員在比賽中單腳或雙腳的鞋子掉落，在下次比賽中斷前可繼續比賽。

- **裁判服裝**

1. 裁判應穿著球衣、黑色短褲和黑色及膝長襪。

2.所有裁判應穿著相同配色的制服。

- **守門員裝備**

1.守門員不得使用球桿。

2.守門員必須穿戴 IFF 認證的面罩，並依規加以標示；此規則僅適用於球場上比賽期間。除彩繪外，禁止對面罩進行任何修改。

3.守門員可使用任何類型的護具，但不得使用會擋住球門的裝備。

（1）可使用頭盔和薄手套。

（2）禁止使用任何形式的具黏合性或抗摩擦材質。

（3）球門上方或內側不得有任何物品。

- **隊長裝備**

1.隊長必須穿戴臂章。

2.臂章應戴於左手臂上並清楚可見。不得使用膠帶取代臂章。

- **個人裝備**

1.運動員不得穿戴有受傷風險的個人裝備。

2.個人裝備包括護具和醫療器材、手錶、耳環等。裁判有權決定哪些物品可能造成危險。若情況允許，所有護具應穿在衣服下。除平滑的彈性髮帶外，不得穿戴任何頭套。參賽運動員禁止穿任何形式的緊身長褲。

3.若任何運動員依醫生處方須穿戴護目鏡（須經 IFF 認證）或頭部護具，必須是以軟質材料製成。

- **球**

1.球的重量為23公克，直徑為72公釐，球上有26個直徑11公釐的洞；球須經 IFF 認證並依規加以標示。

- **球桿**

1.球桿須經 IFF 認證並依規加以標示。

2.除截短外，禁止對桿軸進行任何修改。桿軸握把上方可以布條綑綁，但不能蓋住官方標誌。

3.不可使用尖銳桿刃,且彎曲度須小於 30 公釐。

(1)除調整彎曲度外,禁止對桿刃進行任何修改。彎曲度的丈量會從桿刃內側最高點量至球桿平放的平面。可以更換桿刃,但新桿刃不可已脆化。桿刃與桿軸之間可使用膠帶接合,但不可覆蓋桿刃超過 10 公釐。

- **裁判裝備**

1.裁判應配有塑膠中型口哨、丈量器材和紅牌。

2.經管理單位同意,可使用其他類型的口哨。

- **記錄台器材**

1.記錄台應配有執行職責所需的所有器材。

- **器材控管**

1.裁判應決定所有器材的控管與丈量。

(1)器材檢查應於比賽前和比賽中進行。賽前若發現任何器材問題(包括球桿瑕疵),相關運動員應予以修正,才能開始比賽。除個人裝備和次要的球桿瑕疵(例如:球桿有小洞或彩繪,相關運動員應予以修正後才能繼續比賽),比賽期間發現的所有器材問題都應給予適當判罰。

(1.1)針對運動員制服和隊長臂章相關違例,每場比賽中每隊最多僅可被判罰一次。然而,所有不符規定的器材均應依規呈報。丈量器材時,只有隊長和持有該器材的運動員可待在記錄台。丈量完成後,比賽將依據比賽中斷的原因重新開始。

(1.2)隊長可要求丈量桿刃彎曲度。

(2)隊長亦有權向裁判指出對手器材的缺失,但將由裁判裁決是否予以判罰。隊長可隨時提出丈量要求,但必須等到比賽中斷時才執行丈量。於比賽中斷時(包括進球和罰球後)提出的丈量要求應立即執行,除非裁判認定這對對手隊伍有負面影響。若是如此,則將

於下次比賽中斷時進行丈量。

（3）裁判必須依隊長要求檢查桿刃彎曲度，但每次比賽中斷期間每隊只能丈量一次。丈量器材時，只有隊長和持有該器材的運動員可待在記錄台。丈量完成後，比賽將依據比賽中斷的原因重新開始。

6.4　裁判

- 比賽應由 1 名獲認可的裁判負責主持和管控。
- 若裁判認定有明顯無法依規繼續比賽的風險，則有權停止比賽。

6.5　記錄台

- 比賽應設置記錄台。記錄台應保持中立，並負責記錄比賽、時間或廣播工作。

6.6　比賽時間

- **正規比賽時間**

  1. 正規比賽時間可介於 2 局各 7 分鐘（中場休息最多 3 分鐘）至 2 局各 15 分鐘（中場休息最多 5 分鐘）；中場休息時兩隊應交換場地。比賽時間可視大會賽程與參賽隊伍數予以調整。

  2. 交換場地時，兩隊的替補區也應互換。主場隊伍應於賽前及早選邊。新的一局將由兩隊於中點進行爭球開始比賽。每一局結束時，除非有自動設備，否則記錄台應負責鳴笛或以其他合適的聲音裝置提示。一局結束時，中場休息計時隨即開始。隊伍有責任在中場休息結束後準時回到球場上繼續比賽。

  3. 前述比賽時間指的是有效時間，但視使用場地或同時進行的比賽數量，若為方便比賽排程亦可不停止計時。

     （1）有效比賽時間是指，裁判吹哨中斷比賽時應停錶，並在繼續比賽時恢復計時。

     （2）比賽非正常中斷時，裁判應連吹三聲哨。除下列情形外，將由裁判認定哪些屬於非正常中斷：球損壞、隔板破裂、受傷、器材丈量、

未獲得許可的人或物出現在球場上、燈光完全或部分熄滅，以及誤吹比賽結束信號。

（3）若隔板破裂，比賽不須立即中斷，可等到球接近隔板破裂的位置才中斷比賽。懷疑有嚴重受傷或受傷運動員直接影響比賽時，才須因受傷中斷比賽。

（4）經競賽單位同意可不停止計時，也就是說比賽僅在下列情形停錶：進球、犯規、罰球、暫停或比賽非正常中斷而裁判連吹三聲哨時。正規比賽時間的最後 2 分鐘應停錶。

（5）罰球時應停錶。

- **暫停**

1. 暫停僅適用於採有效時間制的比賽。
2. 正規比賽時間內，每隊有權要求一次暫停；裁判連吹三聲哨中斷比賽後就立刻開始執行。
3. 隊伍可隨時要求暫停，包括進球和罰球後，但只能由隊長或球隊人員提出要求。於比賽中斷時提出的暫停要求應立即執行，但若裁判認定這對對手隊伍有負面影響，則將於下次比賽中斷時執行。暫停要求提出後一律須執行；但隊伍可在進球後撤回暫停要求。
4. 暫停會在裁判吹哨後開始計時，隊伍應待在替補區中，裁判則待在記錄台。暫停 30 秒後裁判將吹哨結束暫停。暫停結束後，比賽將依據比賽中斷的原因重新開始。受罰運動員不得參與暫停。

- **延長賽**

1. 若比賽結束時為平手，但必須分出勝負，則應延長比賽最多 5 分鐘。
2. 延長賽前各隊有 2 分鐘的中場休息時間，但不交換場地。延長賽適用正規比賽中開始與停止比賽的相關規則。延長賽不分局。正規比賽時間後，尚未執行完畢的球監將延續至延長賽。若延長賽後分數仍相同，將以罰球決定比賽勝負。

- **限時延長賽後之罰球**

1. 兩隊各派 3 名參賽運動員各進行一次罰球。

　　(1) 參與罰球的 3 名運動員和 1 名守門員中，必須至少有 2 位是特奧運動員。

2. 若罰球後兩隊分數仍平手，則由相同運動員繼續輪流各進行一次罰球，直到分出勝負。

3. 罰球將由兩隊輪流進行。由裁判決定使用哪一側球門，並由兩隊隊長抽籤決定順序。抽籤勝出隊伍將決定誰先罰球。隊長或球隊人員應以書面方式，向裁判和記錄台告知運動員編號和罰球的順序。裁判有責任確保罰球順序與球隊人員所述相同。

4. 罰球期間一旦分出勝負，比賽即告結束，而獲勝隊伍將被視為以 1 分取勝。正規罰球期間，當其中一隊進球數多於對手剩餘可罰球數時，就算分出勝負。若進行額外罰球，當兩隊罰球次數相同，但其中一隊進球數較對手多出一球，就算分出勝負。額外罰球時不須依照正規罰球期間的順序，但運動員須等到名單上隊友均完成至少兩次罰球後，才能進行第三次罰球，以此類推。

5. 受罰運動員若未遭禁賽，則可參與罰球。若運動員在罰球期間須接受判罰，將由隊長挑選 1 名不在名單上的運動員來替換要受罰的運動員。若守門員在罰球期間須接受判罰，將由候補守門員取代。若隊上沒有候補守門員，該隊有最多 3 分鐘時間讓不在名單上的參賽運動員穿戴裝備上場，但這段時間不得用於暖身。新守門員身分須標示於比賽記錄中，同時應記錄替換的時間。若隊伍無法有 3 位參賽運動員上場罰球，則可罰球次數將與上場人數相同。此規則亦適用於額外罰球期間。

6. 檢查運動員的編號。

- **計分方式：進球**

　1. 得分

　　(1) 有效進球後於中點進行爭球，即算得分。

34

（2）所有得分，連同得分時間、得分運動員和助攻運動員的編號，皆應記載於比賽記錄中。助攻運動員是指同一隊中直接參與得分的運動員。每次得分記錄中應只有 1 名助攻運動員。延長賽中的得分或一局或比賽結束後的罰球得分不須於中點進行爭球，只要兩位裁判手都指向中點，且有相關比賽記錄，則算得分。

（3）已確認的得分無法取消。

（4）若裁判確定得分有誤，應依規呈報。

2.有效進球

（1）參賽運動員使用球桿讓球以正當方式自前方完全穿過球門線，且進攻方在進球前後皆未犯規導致任意球或罰球，包括下列情形：

（1.1）當防守方運動員使球門移位，而球自前方從球門柱之間和球門框假想位置下方穿過球門線。

（1.2）防守方運動員以球桿或身體進球的烏龍球（Own Goal）。若暫緩判罰期間，未犯規隊伍打出烏龍球，得分算有效。

（1.3）烏龍球應加註「OG」。

（2）防守方運動員以球桿或身體引導球自前方完全穿過球門線，或進攻方運動員非蓄意以身體引導球自前方完全穿過球門線，且進攻方在進球前後皆未犯規導致任意球或罰球。

（3）進攻方運動員若蓄意踢球而引導球進球門，得分不算。若運動員使用規格不符的球桿進球得分，而此錯誤在球穿過球門線後才被發現，得分算有效。

（4）未登錄或編號有誤的運動員參與了得分過程。註：參與包括得分或助攻。

3.無效進球

（1）進攻方運動員在進球前後犯規導致任意球或罰球。（規定的犯規手勢）註：此情形包括一隊有太多人參與得分或受罰運動員出現在場上，以及進攻方運動員蓄意使球門移位。

（2）進攻方運動員蓄意以身體任何部位引導球進球門。註：由於此項並不算犯規，應以爭球重新開始比賽。

（3）球於裁判鳴笛時或之後穿過球門線。

（4）結束信號一響起，該局或該場比賽即告結束。

（5）球未自前方穿過球門線進入球門。

（6）守門員直接踢或擲球進對手球門。由於此項並不算犯規，應以爭球重新開始比賽。球進球門前必須碰觸另一位運動員或運動員的裝備。

（7）進攻方參賽運動員蓄意踢球，而球在碰觸另一位運動員或運動員的裝備後進入球門。

（8）註：由於此項並不算犯規，應以爭球重新開始比賽。

4. 犯規隊伍於暫緩判罰期間得分，應先執行判罰，然後以爭球重新開始比賽。

5. 球彈到裁判身上後直接進球。

7 團隊競賽通則

7.1　判罰

- 一般罰則

1. 發生須判罰的犯規時，應判罰犯規的運動員。

（1）若裁判無法指出犯規者身分，或犯規者是球隊人員，則隊長應選擇 1 名未受罰參賽運動員接受判罰。若隊長拒絕選擇，或自己本身已受罰，則由裁判決定受罰人選。

（2）比賽記錄中應詳載所有判罰、判罰時間、運動員編號、判罰類型和判罰原因。若因比賽犯規導致判罰，未犯規隊伍將獲得發任意球的機會。若造成判罰的原因與比賽本身無關，則將以爭球重新開始比賽。若造成判罰的犯規發生於比賽中斷時，比賽將依據比賽中斷的原因重新開始。

（3）本身已受罰的隊長無權與裁判對話，除非裁判主動對其說明。

2. 受罰運動員在整個受罰期間都應待在判罰區。

（2）比賽結束時，所有判罰也隨之結束。正規比賽時間結束時，尚未執行完的球監將延續至延長賽。受罰運動員必須和隊友在中線的同一邊，除非記錄台及判罰區都和替換區在球場的同一邊。正規比賽期間，受罰運動員可在中場休息時離開判罰區。但在正規比賽與延長賽之間的中場休息時間，受罰運動員不得離開判罰區。受罰運動員不得參與暫停。運動員在判罰結束時應立即離開判罰區，除非受限於該隊的判罰次數或剛結束的是個別罰則。守門員在判罰結束時必須留在判罰區，直到下次比賽中斷。

（2）若受罰運動員受傷，可由未受罰的參賽運動員代坐球監。2 名運動員都應記載於比賽記錄中，並以括號註明真正受罰的運動員編號。若受傷運動員在判罰結束前回到球場上，則將判該場比賽剩餘時間禁賽。

（3）若因記錄台疏忽導致運動員提早回到球場上，並於正規判罰時間內發現此錯誤，運動員應返回判罰區；但不會導致加罰時間。運動員須等到正規判罰時間結束後再回到球場上。

3. 若守門員被罰一或多個 2 分鐘球監，隊長須挑選 1 名未受罰參賽運動員代為受罰。

（1）守門員若被罰 5 分鐘球監或個別罰則，應親自受罰。

（2）守門員在執行 5 分鐘球監或個別罰則的判罰時，被罰一或多個 2 分鐘球監，則應親自受罰。

（3）若守門員接受判罰而隊上又沒有候補守門員，該隊有最多 3 分鐘時間讓參賽運動員穿戴裝備上場，但這段時間不得用於暖身。新守門員身分須標示於比賽記錄中，同時應記錄替換的時間。

（4）判罰結束後，守門員必須等到下次比賽中斷才能回到球場上。因此，隊長應選擇 1 名未受罰的參賽運動員在判罰區陪同守門員，

並在判罰結束時進入球場。若守門員的判罰於比賽進行中結束，裁判和記錄台應協助守門員在比賽中斷時立即離開判罰區。

4. 判罰時間應與比賽時間同步。

- **球監**

1. 球監應對隊伍有所影響，因此受罰運動員在判罰期間不得由他人代替上場。

2. 同一位運動員的球監須分別計時，每隊最多只能同時針對兩個球監進行計時。

（1）所有球監應依判決順序進行計時。若運動員的判罰尚無法計時，應從判罰執行當下就待在判罰區。

（2）若某隊已有 1 人在坐球監，又同時被判不只一個判罰，則隊長須決定要先為哪一個新判罰計時。在此情況下，應以時間較短的球監優先。若某隊在暫緩判罰期間又被判球監，則應先為之前暫緩的判罰計時。

3. 一隊有多於 2 人坐球監時，仍有權以 3 名運動員在場上進行比賽。

4. 隊伍應以 4 名運動員在場上進行比賽，直到只剩 1 人仍在坐球監。運動員若在此之前結束球監，仍須留在判罰區直到比賽中斷；或者若比賽先中斷，為了讓該隊只有 1 人坐球監，剩餘的球監會提前結束。

5. 所有隊伍的受罰運動員應依球監結束順序離開判罰區，但須隨時遵守場上運動員人數的相關規定。若運動員的判罰於比賽進行中結束，裁判和記錄台應協助運動員在比賽中斷時立即離開判罰區。

6. 若必須坐球監的運動員又犯規導致判罰，則必須接續著完成所有判罰。

（1）不論第一個判罰是否已開始，皆適用此規則。若運動員已經開始坐球監，同時又犯規應接受判罰，則第一個判罰的計時將不受影響且繼續進行，並接續執行新的判罰。

（2）也就是說，當運動員的第一個球監結束或完成，下一個球監就會開始計時；除非該隊在第一個球監執行期間被判了另一個球監但尚未開始計時。

（3）同一運動員被判球監的次數沒有上限。若運動員被判個別罰則，必須等到他所有的球監都結束或完成，才能開始個別罰則的計時。

（4）若正在執行個別罰則的運動員犯規被判球監，則一旦可以開始為球監計時，剩餘的個別罰就將暫緩執行，直到球監結束或完成。隊長應選擇 1 名未受罰的參賽運動員在判罰區陪同運動員，並在球監結束時進入球場。若受罰運動員犯規導致禁賽，則亦適用禁賽相關規則。

- 2 分鐘球監

1. 除非對手隊伍場上人數較少或兩隊人數相同，否則若對手隊伍在 2 分鐘球監執行期間得分，該球監應立即結束。

2. 若得分不在暫緩判罰期間發生，也不是犯規罰球的結果，則該球監將不會結束。若 2 分鐘球監與罰球或暫緩罰球有關，則亦適用罰球相關罰則。

3. 若一隊有不只一個 2 分鐘球監，應依執行的順序結束。

- 暫緩判罰

1. 所有球監（包括禁賽）都可以暫緩判罰。發生須判罰的犯規後，若未犯規隊伍有控球權，則將暫緩判罰。每次僅可暫緩一個判罰，除非有可能得分的情形，則可以暫緩第二個判罰。

2. 若一或數個暫緩判罰與罰球或暫緩罰球有關，則亦適用罰球相關罰則。

3. 暫緩判罰指的是未犯規隊伍有機會繼續進攻，直到犯規隊伍取得控球權或比賽中斷。

（1）暫緩判罰期間，未犯規隊伍可由參賽運動員取代守門員，然後繼續進攻。一局或比賽結束後仍應執行暫緩的判罰。若暫緩的判罰

因犯規隊伍取得控球權而付諸執行，則將以爭球重新開始比賽。

（2）未犯規隊伍必須利用暫緩判罰的機會積極進攻。若裁判認定隊伍只想拖延時間，應予以提醒。若隊伍仍未嘗試進攻，則應中斷比賽並執行暫緩的判罰，然後以爭球重新開始比賽。

（3）若因其他原因中斷比賽因而執行暫緩的判罰，比賽將依據比賽中斷的原因重新開始。

（4）若未犯規隊伍於暫緩判罰期間正當得分，得分算有效，且該隊最近一次被判罰但暫緩執行的2分鐘球監將不須執行。其他判罰則不受影響。

（5）若犯規隊伍於暫緩判罰期間得分，得分不算且將以爭球重新開始比賽。若未犯規隊伍打出烏龍球，得分算有效。

4.應罰2分鐘球監的犯規：

（1）為獲得極大優勢或使對手無法接觸球，運動員撞擊、阻擋、抬起、踢或拉對手或對手的球桿。

（2）參賽運動員使用腳、小腿、球桿的任何部分，於過腰的高度擊球／運球。註：腰高指的是運動員站立時腰的位置。

（3）運動員以球桿做出危險動作。

註：危險動作包括隨意向前或向後擺動球桿，以及將球桿舉過對手頭部（使對手感到危險或不安）。

（4）運動員將對手壓制或推向隔板或球門。

（5）運動員阻截或絆倒對手。

（6）隊長要求丈量桿刃彎曲度，但測量結果沒有缺失（無犯規手勢），將由隊長接受判罰。

（7）參賽運動員未持桿打球（無犯規手勢）。

註：不包括守門員被短暫視為不持桿的參賽運動員時。

（8）參賽運動員從該隊替換區以外地方取得球桿（無犯規手勢）。

（9）參賽運動員未將自己斷裂或掉落的球桿從場上撿回替換區。運

動員只須清除明顯可見的球桿部分。

（10）運動員蓄意移動以阻擋未控球的對手。

註：若運動員嘗試移動至更好的位置背對對手，或防止對手朝期望的方向移動，則只會判發任意球。

（11）參賽運動員積極阻擋守門員擲球。

註：僅有當參賽運動員在球門區（1 公尺 x2.5 公尺），或距離守門員取得控球權的位置不到 3 公尺，才視為犯規。積極指的是隨著守門員左右移動或試圖以球桿碰觸球。

（12）運動員在發界外球或任意球時違反距離 3 公尺原則。若界外球或任意球執行時，對手正以正當方式就定位，則不採取任何行動。若隊伍的防守線距離不當，只有 1 名運動員應受罰。

（13）參賽運動員擋下球或觸球時躺在或坐在地板上，這也包括雙膝或單手（非持桿手）著地。

（14）參賽運動員以手或手臂擋下球或觸球。

（15）運動員不當替換。

註：運動員離開球場時必須越過球場擋板後，替補運動員才可進入比賽場地。若離場／進場差距很小，只有當比賽受影響時才須採取行動。若運動員在比賽中斷時於該隊替換區外交換，也算不當替換。進場運動員必須接受判罰。

（16）同一隊在場上有過多運動員。只有 1 名運動員應受罰。

（17）受罰運動員發生下列情形：

　（17.1）球監結束或完成前，離開判罰區但未進入球場。球監結束時拒絕離開判罰區。球監結束或完成前，於比賽中斷時進入球場。

　（17.2）記錄台應盡快通知裁判此情形。判罰結束時，若受限於所屬隊伍的判罰次數或剛結束的是個別罰則，運動員不得離開判罰區。守門員在判罰結束時必須留在判罰區，直到下

次比賽中斷。若受罰運動員在比賽期間進入球場，將視為蓄意破壞比賽。

（18）運動員重複犯規被判罰任意球（不論時間長短）。

（19）隊伍蓄意藉重複犯規被判罰任意球來中斷比賽。

註：包括隊伍在短時間內有數個輕微犯規，將由最後一個犯規的運動員受罰。

（20）運動員蓄意拖延比賽，例如：犯規隊伍運動員在比賽中斷時將球擊出界或帶離球場、蓄意將球推至隔板角落或蓄意損壞球。

（21）隊伍蓄意拖延比賽。若裁判認為某隊即將因拖延比賽而受罰，應盡可能在採取任何行動前通知該隊隊長。隊長須挑選 1 名未受罰參賽運動員接受判罰。

（22）運動員或球隊人員抗議裁判判決、或教練給予指導的方式不當或令人煩擾。

（22.1）此情形包括隊長不斷且無理地質疑裁判的判決。

（22.2）與違反運動家精神之行為相較，以令人煩擾的方式抗議裁判判決或給予指導出自於一時衝動，屬於輕微犯規。

（22.3）球隊人員在未獲得裁判許可下進入球場，亦適用此規則。裁判應盡可能在採取任何行動前通知該球隊人員。

（23）經裁判提醒後，守門員仍未將球門復位。

註：守門員有責任在情況允許時立刻將球門復位。

（24）經裁判提醒後，運動員仍未修正個人裝備（無犯規手勢）。

（25）運動員服裝穿著不當 （無犯規手勢）。

（25.1）此情形包括服裝不完整和隊長未穿戴臂章。

（25.2）針對服裝相關違例，每場比賽中每隊最多僅可被判罰一次。所有其他裝備不當的違例均應呈報管理單位。

（26）參與比賽的守門員裝備不當（無犯規手勢）。若守門員非蓄意使面罩掉落，應中斷比賽並以爭球重新開始比賽。

（27）參與比賽的運動員編號有誤（無犯規手勢）。應修正相關比賽記錄。針對編號有誤相關違例，每場比賽中每隊最多僅可被判罰一次。所有其他此類違例均應呈報管理單位。

- 5 分鐘球監

1.若對手隊伍於 5 分鐘球監期間射門得分，球監仍須繼續。

2.若 5 分鐘球監與罰球或暫緩罰球有關，則亦適用罰球相關罰則。

3.應罰 5 分鐘球監的犯規

（1）參賽運動員以球桿做出暴力或危險擊球動作，例如參賽運動員將球桿舉過對手頭部並擊中對手。

（2）參賽運動員以球桿鉤人。

（3）運動員在場上丟球桿或其他器材擊球或試圖擊球。

（4）運動員用身體衝撞對手或以暴力攻擊對手。

（5）運動員阻截、衝撞或絆倒對手，使對手跌向隔板或球門。

（6）運動員犯下多個應罰 2 分鐘球監的犯規。

註：5 分鐘球監犯規將取代最後一個 2 分鐘球監。犯規內容應相似。

- 個別罰則

1.個別罰則均與球監相關，而且必須等到球監結束或完成，才能進行計時。個別罰則（不限次數）可以同時計時。

（1）若已在執行個別罰則的運動員犯規被判球監，則一旦可以開始為球監計時，剩餘的個別罰就將暫緩執行，直到球監結束或完成。

（2）隊長應選擇 1 名未受罰的參賽運動員在判罰區陪同運動員，並在球監結束時進入球場。

2.個別罰則應只對個人有所影響，因此判罰期間可由他人代替受罰運動員上場。

（1）隊長應選擇 1 名未受罰的參賽運動員在判罰區陪同運動員，並在球監結束時進入球場。

（2）個別判罰結束後，該運動員必須等到下次比賽中斷才能回到球

場上。若運動員的個別罰則判罰於比賽中結束，裁判和記錄台應協助運動員在比賽中斷時立即離開判罰區。球隊人員若被判個別罰則，在剩餘比賽中應待在觀眾席，而隊長應選擇 1 名未受罰參賽運動員代為接受判罰。

- **10 分鐘個別罰則**

  1. 若對手隊伍於 10 分鐘個別罰則期間射門得分，判罰仍須繼續。

  2. 應罰 2 分鐘球監 +10 分鐘個別罰則的犯規：

     運動員或球隊人員做出違反運動家精神之行為。

     註：違反運動家精神之行為代表：對裁判、運動員、球隊人員、工作人員、觀眾有侮辱或不公平的行為，或企圖以任何假動作欺騙裁判。蓄意踢、撞倒或撞擊隔板或球門。比賽中斷期間或在替換區內丟球桿或其他器材。

- **禁賽**

  1. 被判禁賽的運動員或球隊人員應立即回到更衣室，不得再繼續參與比賽。

  2. 場地整理小組應負責確認犯規者回到更衣室，在比賽剩餘時間內（包括可能的延長賽和罰球）不會返回觀眾席或球場。所有禁賽判罰均應依規呈報。

  3. 賽前／賽後發生應判禁賽的犯規均應依規呈報，但不須判球監。除器材不符規定外（相關運動員應予以修正後才能繼續比賽），賽前若發生應判禁賽的犯規，犯規者亦不得參與該場比賽、可能的延長賽和罰球。

  4. 判禁賽後一律須執行 5 分鐘球監。

     （1）隊長應選擇 1 名未受罰的參賽運動員代為坐球監（包括被禁賽的運動員或球隊人員的其他球監）。

     （2）所有與被禁賽者相關的個別罰則將就此結束。

- **禁賽處分 1**

1. 被罰禁賽處分 1 的運動員將不得繼續參與剩餘的比賽，但不須再接受其他任何判罰。

2. 應罰禁賽處分 1 的犯規：

（1）參賽運動員使用未經認證的球桿，或球桿的彎曲度過大。守門員使用未經認證的面罩（無犯規手勢）。

（2）未登錄的運動員或球隊人員參與比賽（無犯規手勢）。

（3）受傷運動員已由他人代坐球監，卻在判罰結束前回到比賽（無犯規手勢）。

（4）運動員持續或重複做出違反運動家精神之行為。此禁賽處分將取代第二個 2 分鐘球監 +10 分鐘個別罰則，但之後仍要執行 5 分鐘球監。持續代表以相同順序在同一場比賽中重複第二次。

（5）運動員憤怒地摔壞球桿或其他器材。

（6）運動員做出不當肢體接觸犯規，包括蓄意、無端的危險、暴力或違反運動家精神之行為的犯規。

- **禁賽處分 2**

1. 被罰禁賽處分 2 的運動員亦不得參與同一賽事的下一場比賽。

2. 應罰禁賽處分 2 的犯規：

（1）運動員或球隊人員涉及肢體衝突。肢體衝突代表沒有出拳或踹人等的輕微扭打，參與的運動員會聽從旁人勸阻而分開。

（2）運動員在同一場比賽中第二次犯下應罰 5 分鐘球監的犯規。此禁賽處分將取代第二個 5 分鐘球監，但之後仍要執行 5 分鐘球監。

（3）球隊人員持續或重複做出違反運動家精神之行為。

（4）註：此禁賽處分將取代第二個 2 分鐘球監 +10 分鐘個別罰則，但之後仍要執行 5 分鐘球監。持續代表以相同順序在同一場比賽中重複第二次。

（5）運動員在其器材接受丈量前試圖修正器材。

（6）運動員或球隊人員明顯為了破壞比賽而犯規。包括下列情形：

（6.1）受罰運動員在球監結束或完成前，蓄意在比賽期間進入球場。若運動員於比賽中斷期間進入球場，應被判 2 分鐘球監。若因記錄台疏忽導致運動員提早回到球場上，並於正規判罰時間內發現此錯誤，運動員應返回判罰區；但不會導致加罰時間。運動員須等到正規判罰時間結束後再回到球場上。若在正規判罰時間結束後才發現此錯誤，則不採取任何行動。若運動員在判罰結束後，無視於人數限制而在下次比賽中斷前就進入球場，將視原因決定是否判「場上有過多運動員」犯規。

（6.2）罰球期間任一隊在替換區犯規。

（6.3）比賽期間任一隊從替換區丟擲器材。

（6.4）不是將替換上場的運動員自替換區參與或嘗試參與比賽。

（6.5）同一場比賽中，運動員在擔任守門員後，又以參賽運動員身分上場比賽。

（6.6）任一隊伍蓄意讓過多運動員上場。

（7）運動員持續使用有瑕疵的球桿或使用經強化或加長的桿軸（無犯規手勢）。

- **禁賽處分** 3

1.被罰禁賽處分 3 的運動員亦不得參與同一賽事的下一場比賽，且應接受管理單位決定的其他判罰。

2.應罰禁賽處分 3 的犯規：

（1）運動員或球隊人員參與打架，有出拳或踹人等情形即視為打架。

（2）運動員或球隊人員做出粗暴犯規，包括朝對手丟球桿或其他器材。

（3）運動員或球隊人員使用羞辱性語言。羞辱性語言代表嚴重侮辱裁判、運動員、球隊人員、工作人員或觀眾。

- **罰球相關罰則**

1. 若因犯規而判罰球且球進得分，只會影響造成罰球的犯規。此情形亦適用於暫緩罰球。若因犯規而判 2 分鐘球監和罰球且球進得分，則應取消球監，但仍須執行所有其他判罰。暫緩罰球期間，若犯規隊伍又犯規被判罰球，第二個犯規將視為導致罰球的犯規。若罰球因守門員犯規而中斷，守門員的犯規將視為新罰球的原因。
2. 若犯規未判判罰而罰球射門得分，並不會影響任何其他判罰。

7.2　定位球

● 定位球一般規則

1. 比賽中斷時，將依據比賽中斷的原因，以定位球重新開始比賽。

   註：定位球包括爭球、界外球、任意球和罰球。

2. 裁判應使用哨音輔以規定的手勢，同時指出發定位球的位置。哨音之後須等球停下且在正確位置，才能繼續比賽。

   （1）裁判應先比出判決手勢，然後視情況比出犯規手勢。犯規手勢應只在必要時使用，但犯規和罰球時一定要使用。

   （2）若裁判認定不影響比賽，則不須等球完全停下或在發界外球或任意球的確切位置。

3. 不得無端拖延發定位球。

   註：由裁判決定何謂無端拖延。若有人拖延發定位球，裁判應盡可能在採取任何行動前通知該運動員。

● 爭球

1. 新的一局開始時及有效進球後，兩隊將於中點使用球桿進行爭球。

   （1）延長賽中的得分或一局或比賽結束後的罰球得分不須於中點進行爭球。

   （2）於中點進行爭球時，各隊應站在中線自家半場的一側。

2. 若比賽中斷且兩隊皆未獲得發界外球、任意球或罰球的機會，則應進行爭球。

3. 以比賽中斷時球的最後位置為準，於最近之爭球點進行爭球。

4. 除負責爭球的運動員外,其他所有運動員,不須裁判提醒,應立即退至距球至少 3 公尺處(包括球桿)。

5. 註:爭球開始前,裁判應負責確認兩隊都已準備就緒,且所有運動員皆已就定位。

6. 每隊將各派 1 名參賽運動員負責爭球。雙方運動員應面向對手半場之短邊,而且爭球前不得有肢體碰觸。每位運動員的腳應與中線垂直,雙腳與中線之距離應相同,以正常方式握桿,雙手皆位於握把標示上方。雙方桿刃應置於球的兩側並與中線垂直,但不能碰到球。

（1）正常方式指得是運動員在比賽期間握桿的方式。防守方運動員可選擇要將球桿置於球的哪一側。於中線爭球時,由客隊運動員選邊。球應位於雙方桿刃的中間。

（2）若負責爭球的運動員不遵從裁判指示,應由場上另一名運動員負責爭球。爭球前若對人員替換有所爭論,客隊必須先換人。

7. 爭球可直接射門得分。

- **應進行爭球的情形**

1. 球遭非蓄意破壞。

2. 球有異常,無法正常用於比賽。

  註:中斷比賽之前,裁判應給運動員合理的機會擊球。

3. 部分隔板已破裂且球接近破裂的位置。

4. 球門遭非蓄意移位,且無法於合理時間內歸位。守門員有責任在情況允許時立刻將球門復位。

5. 發生嚴重受傷或受傷運動員直接影響比賽。

  註:由裁判決定哪些情況算嚴重受傷,但一旦發現有此情形,應立即中斷比賽。

6. 比賽中發生異常情形。除下列情形外,將由裁判決定哪些情況屬於異常情形:未獲得許可的人或物出現在球場上、燈光完全或部分熄滅、誤吹比賽結束信號、或裁判被球擊中且對比賽產生重大影響。

7. 在沒有應判任意球的犯規的情況下得分不算，例如球未自前方穿過球門線進入球門。

8. 罰球並未直接射門得分，包括罰球執行錯誤。

9. 暫緩的判罰因犯規隊伍取得控球權而付諸執行，例如裁判認定未犯規隊伍嘗試拖延時間。

10. 判罰的原因與比賽犯規無關，但是在比賽期間發生或發現的，例如受罰運動員在球監結束或完成前進入球場。

11. 裁判無法判定界外球或任意球的方向，例如雙方隊伍運動員同時犯規。

12. 裁判判決有誤。

- **界外球**

1. 球若離開球場，應由未犯規隊伍發界外球。球離開球場前最後接觸哪位運動員（或該運動員的裝備），該運動員所屬隊伍就算犯規隊伍，包括運動員將球從球門中移出時，碰到網子但未接觸球。

2. 界外球發球應於球離開球場處進行，距隔板 1.5 公尺，但不得於球門線的假想延長線後進行。

（1）若裁判認定不影響比賽，則不須等球完全停下或在發球的確切位置。允許從距離隔板不到 1.5 公尺處發界外球，儘管這可能為某隊帶來優勢。

（2）必須在球門線的假想延長線後進行的界外球，應於最近的爭球點進行。當球碰到天花板或球場上方的物品，界外球發球應於距離中線 1.5 公尺且距離隔板 1.5 公尺處進行。

3. 不須裁判提醒，對手應立即退至距球至少 3 公尺處（包括球桿）。負責發界外球的運動員不用等到對手就定位，但若發界外球時，對手正以正當方式就定位，則不採取任何行動。

4. 必須以球桿觸球，而且必須乾淨俐落，不能以球桿拖行、拍打或抬起球。

5. 發球後，在球碰觸其他運動員或運動員的裝備前，發界外球之運動員不得再次碰觸球。

6. 界外球可直接射門得分。

- **應發界外球的情形**

1. 球穿越隔板或擊中天花板或球場上方其他任何物品。

- **任意球**

1. 發生應罰任意球的犯規時，應由未犯規隊伍發任意球。

(1) 犯規導致發任意球時，應盡可能套用優勢原則。

(2) 優勢原則指的是，如果非犯規隊伍在犯規後仍有控球權，且與發任意球相較更有優勢，則應讓該隊繼續比賽。允許此優勢後，若非犯規隊伍失去控球權導致比賽中斷，則任意球應於原本犯規發生的位置進行。

2. 任意球應於犯規發生處進行，但不得於球門線的假想延長線後進行，或與守門員區距離不到 3.5 公尺。

註：若裁判認定不影響比賽，則不須等球完全停下或在發球的正確位置。若任意球的位置距離隔板不到 1.5 公尺，應於距隔板 1.5 公尺處進行。必須在球門線的假想延長線後進行的任意球，應於最近的爭球點進行。若任意球的位置距離守門員區不到 3.5 公尺，應自球門線中心點延伸假想線通過犯規發生位置，然後於距守門員區 3.5 公尺處進行。在此情況下，防守隊伍應有權利立刻在其守門員區外排成防守線。若進攻隊伍不須等到防守隊伍排成防守線，則其運動員有權站在防守線前。

3. 不須裁判提醒，對手應立即退至距球至少 3 公尺處（包括球桿）。

4. 負責發任意球的運動員不用等到對手就定位，但若發任意球時，對手正以正當方式就定位，則不採取任何行動。

5. 必須以球桿觸球，而且必須乾淨俐落，不能以球桿拖行、拍打或抬起球。

6. 發球後,在球碰觸其他運動員或運動員的裝備前,發任意球之運動員不得再次碰觸球。

7. 任意球可直接射門得分。

- **應罰任意球的犯規**

1. 運動員撞擊、阻擋、抬起、踢或拉對手或對手的球桿。

   註:若裁判認定運動員在撞擊對手的球桿前已碰觸到球,則不採取任何行動。

2. 參賽運動員擊球前向後擺動或擊球後向前擺動時,桿刃超過腰的高度,包括揮桿練習。若周圍沒有其他運動員,且沒有導致受傷之風險,可允許向前擺動時舉桿過高。腰高指的是運動員站立時腰的位置。

3. 參賽運動員使用腳或球桿的任何部分,導致或試圖於超過膝蓋的高度擊球/運球。

   註:除非裁判認定有危險,否則用大腿擋下球不算違反上述規則。膝高指的是運動員站立時膝蓋的位置。

4. 參賽運動員將球桿、腳或腿置放於對手的雙腿或雙腳之間。

5. 運動員控球時(或嘗試控球時)以肩抵肩之外的任何方式壓制或推擠對手。

6. 運動員控球、嘗試控球或取得有利位置時,以背對前進方式抵擋對手,或阻擋對手前進,包括進攻隊伍防止或阻擋防守隊伍在距守門員區不到 3.5 公尺處排成任意球的防守線。

7. 參賽運動員踢了兩下球,而且期間球並未碰觸該運動員的球桿、其他運動員或其他運動員的裝備。若裁判認定運動員兩次都是蓄意踢球,則應視為犯規。

8. 參賽運動員進入守門員區。

   (1)除非裁判認定不會影響比賽或妨礙守門員的動作,否則參賽運動員不可穿過守門員區。

（2）對手隊伍發任意球後直接得分時，若防守的參賽運動員站在守門員區、球門裡、或因球門遭移動而站在球門平常的位置，一律應判罰球。

（3）參賽運動員身體任一部分位於守門員區，即視為進入守門員區。參賽運動員只有球桿位於守門員區時，不算進入守門員區。標示線亦屬於守門員區的一部分。

9. 參賽運動員蓄意移動對手隊伍的球門。

10. 參賽運動員消極阻擋守門員擲球。

（1）僅有當參賽運動員在球門區內，或距離守門員取得控球權的位置不到 3 公尺，才視為犯規。

（2）消極指的是非蓄意或不願移動。

11. 參賽運動員跳起阻擋球。

12. 由於跳起指的是雙腳完全離開地板，因此奔跑不算跳起。

13. 只要不碰觸到球，運動員可以跳過球的上方。

14. 參賽運動員在場外擊球（無犯規手勢）。

（1）場外指的是運動員的單腳或雙腳位於球場外。

（2）若運動員在球員替換時從場外擊球，應視為同一隊在場上有過多運動員。

（3）不是將替換上場的運動員自替換區擊球，應視為破壞比賽。運動員可在球場外圍奔跑，但不得從該位置擊球。

15. 6 對 6 比賽：守門員在擲球期間完全離開球門區。

16. 4 對 4 比賽：守門員在擲球期間完全離開球門區（1 公尺 x2.5 公尺）。

（1）在上述情況中，守門員不會被視為參賽運動員。守門員身體任一部分皆不接觸球門區內地板時，則視為完全離開球門區。當球離開守門員的手，擲球就算完成，若守門員在此之後離開球門區，不須採取任何動作。若守門員於球門區內接住球，然後整個

身體滑出球門區，仍適用此規則。

（2）標示線亦屬於球門區的一部分。

17. 守門員擲球或踢球越過中線。但只有當球越過中線前，並未碰觸地板、隔板、其他運動員或運動員的裝備，才能視為犯規。整個球必須越過中線。

18. 錯誤執行或蓄意延遲爭球、界外球或任意球，包括比賽中斷而非犯規隊伍將球帶離時，以球桿拖行、拍打或抬起球。若發界外球或任意球的位置錯誤，或發球時球並非靜止，則應重新發球。若裁判認定不影響比賽，則不須等球完全停下或在發球的確切位置。

19. 守門員控球超過 3 秒。若守門員放下球後再撿起球，應視為持續控球。

20. 守門員接住同隊參賽運動員的傳球。

（1）若裁判認定是蓄意傳球，則應視為犯規。接球是指守門員以手或手臂碰觸球，或以身體任何部位碰觸或擋下球後用手或手臂碰球。若守門員接球時完全位於球門區之外，此時應被視為參賽運動員，則可以接住同隊參賽運動員的傳球。若守門員完全離開球門區、擋下球、回到球門區後撿起球，則不視為傳球給守門員。

（2）傳球給守門員不算可能得分的情況，因此不會判罰球。

21. 因比賽犯規而判判罰（規定的犯規手勢）。

22. 運動員拖延比賽，包括參賽運動員為爭取更多時間，將身體靠在球場或球門上，導致對手無法正當地拿到球。裁判應盡可能在採取任何行動前通知該運動員。

23. 當某一隊刻意延遲比賽，將獲得 2 分鐘的判罰。

24. 當球員使用頭部對球操控時，對方將獲得任意球的機會。

- **罰球**

1. 發生須罰球的犯規時，非犯規隊伍將獲得罰球機會。

2. 罰球將從中點使用球桿發球。

3.除負責罰球的運動員和防守的守門員外，其他所有運動員在整個罰球期間都應待在替換區內。罰球開始時，守門員應站在球門線上。

（1）守門員不得由參賽運動員替換上場。若守門員於罰球期間犯規，應加罰一球並依規判罰。

（2）若防守隊伍的其他運動員於罰球期間犯規，應加罰一球並視該犯規為破壞比賽。

4.負責罰球的運動員可多次運球。罰球過程中，一旦守門員碰到球，負責罰球的運動員就不得再碰球。

5.罰球時應停錶。向前移動代表朝中線的反方向移動。若球撞到球門前端後碰觸守門員，然後自前方穿過球門線，得分算有效。若罰球一開始時，球就向後移動，則應中斷罰球並重新開始。

6.若2分鐘球監與罰球有關，只有罰球未得分時，才須於比賽記錄中記載該2分鐘球監。受罰運動員在整個罰球期間都應待在判罰區。

8 個人技術賽

個人技術賽是為了技能水準尚未足以有意義地參與團體地板球的運動員所設計，共包含五個項目：射門、傳接球、控球、射門準確度與飛越障礙物傳球。每位參賽選手必須先參加分組賽，針對每個項目進行一次比賽。五項的總分將做為分組依據，再與其他能力相當的運動員在決賽競爭獎牌。在決賽中，每位運動員將針對各項目進行兩次比賽。兩回合的得分將加總做為最終得分。

- 射門

1.目的：評估運動員的射門準確度與力量，以及運動員在時限內從任何角度進球的能力。

2.器材：地板球球桿、5顆球、膠帶、碼錶和球門。

3.說明：運動員從圍繞球門的五個不同定點各進行一次射門。這些點是從球門線中心的共點延伸出五條6公尺射線的終點。射線與球門

線延伸線或前一條射線的夾角須為 30 度。運動員有 15 秒時間將所有球擊出。運動員開始射門前，每個點都應有一顆球。

4. 計分方式：每一顆球完全穿過球門線進入球門，則可得 5 分。總分為五次射門的得分加總，最高 25 分。（若任一球因先前射門的球而偏轉，導致未設門成功，但大會人員認為原本可射門成功，則可獲得 5 分）。

- **傳接球**

1. 目的：評估運動員在傳接球時的控球能力與準確度。

2. 器材：地板球球桿、球、膠帶和標示用角錐。

3. 說明：教練站在離運動員 4 公尺的標示處（左側或右側皆可），運動員必須接住教練傳來的球，接著運動員將於線後運球，嘗試讓球從傳球線 8 公尺外的角錐之間通過。運動員有 5 次嘗試機會，最高總得分為 25 分。

4. 計分方式：

（1）5 分：順利接住球並將球傳至角錐之間的 1 公尺區。

（2）4 分：順利接住球並將球傳至角錐之間的 3 公尺區（而非 1 公尺區）。

（3）3 分：順利接住球並將球傳至 3 公尺區以外的區域。

（4）2 分：順利接住球，但未傳球。

（5）1 分：碰到球，但未能接住球。

（6）0 分：未碰到球也未傳球。

- 控球

1. 目的：評估運動員的速度和控球能力。

2. 器材：地板球球桿、球、6 個標示用角錐、膠帶、碼錶和球門。

3. 說明：運動員從起點線開始，使用球桿控球穿過以角錐標示出的場地，最後進行射門。自起點線開始的距離應為 21 公尺，角錐應以 3 公尺間距放置成一直線。當球穿過球門線，即停止計時。

4.計分方式：以滿分 25 分減去控球所花的時間，即為得分。每錯過一個角錐扣 1 分。若運動員成功射門，則可額外獲得 5 分。

- **射門準確度**

  1.目的：藉由將球射進球門內特定區域，評估運動員的準確度、力量和得分能力。

  2.器材：地板球球桿、球、球門、膠帶或繩索。

  3.説明：運動員從球門正前方 5 公尺處的線後進行五次射門。球門內區域將以繩索或膠帶劃分為六個區塊。垂直的繩索或膠帶應掛於兩個球門柱向內 45 公分（18 英寸）處，水平繩索或膠帶則繫於地板上方 30 公分（12 英寸）處。

  4.計分方式：球門將分為下列得分區：

  （1）球射進球門上半部任一個角落，即可得 5 分。

  （2）球射進球門下半部任一個角落，即可得 3 分。

  （3）球射進球門上半部中間區塊，即可得 2 分。

  （4）球射進球門下半部中間區塊，即可得 1 分。

  5.每次射門，球都必須完全穿過球門線進入球門中，運動員才能獲得分數；但若球被繩索或膠帶擋下，運動員可以獲得較低分區塊的分數。總分為五次射門的得分加總，最高 25 分。

- **飛越障礙物傳球**

  1.目的：評估運動員在飛越障礙物傳球方面的控球能力與準確度。

  2.器材：地板球球桿、球、障礙物（長凳或其他高度介於 25-30 公分、長度至少 3 公尺的物品）、膠帶和標示用角錐。

  3.説明：運動員將從立定狀態嘗試讓球飛越障礙物（高度介於 25-30 公分、長至少 3 公尺），準確地傳至特定區域。運動員必須將球傳至距離 8 公尺以外的目標。運動員總分為五次飛越障礙物傳球的得分加總，最高為 25 分。

  4.計分方式：

（1）5分：球順利飛越障礙物並傳至中間角椎之間的 1 公尺區。

（2）4分：球順利飛越障礙物並傳至外側兩個角椎之間的 3 公尺區
（而非 1 公尺區）。

（3）3分：球順利飛越障礙物並傳至 3 公尺區以外的區域。

（4）2分：球順利飛越障礙物，但未能傳至得分區。

（5）1分：球並沒有飛越，而是撞到障礙物。

（6）0分：完全沒有碰到球。

- **最終得分**

1.運動員的最終得分為個人技術賽五個項目的得分加總。

■ 地板球教練指南

地板球的好處

　　如今，地板球（Floorball）已成為世界各地非常受歡迎的一項運動。球員和球隊的數量每年都在增加，這種積極發展的狀況並沒有停止的跡象。這項運動之所以成功，是因為幾乎任何體格和體能的男孩、女孩、男性和女性都可以參與這項運動。

　　地板球需要的特殊裝備很少，採用簡單、直覺的規則而組成。

　　地板球是一項特別適合智能障礙者的運動。地板球：

- 讓所有參與者持續參與；
- 易於教學，能立即得到回饋；
- 可以相對快速地提高初步技能及理解基本比賽；
- 是一種很好的休閒活動。

　　最重要的是，地板球很有趣。

　　地板球的美好之處在於，你不需要成為專家就可以開始指導其他人。你只需要有學習基礎知識的熱情和決心。經過一定的指導，只要有時間和興趣，任何人都可以成為一名成功的特殊奧運地板球教練，並幫助智能障礙運動員加入世界地板球大家庭。

地板球活動預告

- 地板球是一項競爭型運動，正式比賽時，雙方各有五名場上隊員和

一名守門員。它與草地曲棍球和冰上曲棍球都有相似之處，也與其他團隊球類運動有一些相似之處。其玩法是搭配一根塑膠球桿和一顆塑膠空心洞洞球。地板球是當今的運動，並將在日後成為全民運動。在地板球運動的 25 年裡，這項運動的發展和壯大令人驚歎。自一九八一年在瑞典成立第一個地板球協會以來，這項運動已經遍及全世界，現在有超過 60 個國家接觸這項運動。

- 地板球受歡迎的原因之一是易於上手：一開始不需要任何特殊技能，規則也很簡單，你只需要一雙運動鞋、一根球桿和球。地板球是一項良好實現性別平等的健身運動。這項運動從早期階段就開始打混合地板球。除了學齡兒童和學生，如今許多職場人士和特別興趣小組也開始玩地板球，所謂公司間的比賽也開始流行。

- 主要目的為盡可能在對方球門中多進球得分，當然也要防止對方在自己的球門進球得分。球員的技能水準決定了比賽的團隊戰術，有時候，在技能較差的情況下，最好的戰術就是完全沒有戰術，上就對了。

- 比賽場地周圍是一個溜冰場，但由於比賽的變化性大，地板球幾乎可以在任何場地進行，場上的球員人數各不相同。地板球是一項非常吸引人的運動，充滿速度與刺激。

- 地板球有兩種版本

- 小型球場版，即每支球隊有 3 名外場球員和 1 名守門員。球場面積 24x12 公尺。

- 正常版，即每支球隊有 5 名外場球員和 1 名守門員。球場面積 40x20 公尺。

致謝

特殊奧運在此謹向協助製作《地板球教練指南》（Floorball Coaching Guide）的專業人士、志願者、教練和運動員表示感謝。他們

協助完成了特殊奧運的使命：為 8 歲（含）以上的智能障礙者長年提供各種奧林匹克形式的運動訓練和比賽，給予他們機會從過程中強健體魄、展示勇氣、感受快樂，並透過參與跟家人、其他特奧運動員以及社會分享天賦、交流技藝和 進友誼。

　　特殊奧運歡迎您提出想法和評論，以備將來對該準則進行修訂。如果由於任何原因，無意中遺漏了致謝，我們深表歉意。

撰寫作者

Steen Houman，歐洲／歐亞大陸特殊奧林匹克運動會國際壘球顧問

Jonas Hviid，特殊奧林匹克運動會地板球體育資源團隊

Jesper Hviid，特殊奧林匹克運動會地板球體育資源團隊

Merita Bruun，IFF（國際地板球協會）

John Liljelund（國際地板球協會）

Anniina Paavilainen（國際地板球協會）

特別感謝以下人員的所有協助和支持

Paul Whichard，國際特殊奧林匹克委員會

Aldis Berzins，國際特殊奧林匹克委員會

Mariusz Damentko，歐洲／歐亞大陸特殊奧林匹克運動會體育總監

由參與 2013 年世界冬季特殊奧林匹克運動會在南韓來自奧地利、丹麥、芬蘭、愛爾蘭、俄羅斯、瑞士、南韓和瑞典的特奧運動員和教練共同執行

2021 國際特殊奧林匹克運動會 地板球教練指南

規劃地板球訓練和賽季

目錄

目標

對每個運動員來說，切合實際又具有挑戰性的目標對運動員在訓練和比賽中的動力都很重要。確立目標並推動訓練和比賽計畫的行動。運動員的運動信心有助於使參與變得有趣，對運動員的動力至關重要。

好處

- 提高運動員的體適能水準
- 培養自律能力
- 教會運動員在其他各種活動中所必需的運動技能
- 為運動員提供自我表達和社交互動的途徑

目標設定

設定目標是運動員和教練之間共同努力的成果。以下是目標設定的主要特點。

1. 分為短期、中期和長期
2. 邁向成功的墊腳石
3. 必須得到運動員的認可
4. 難度各異－容易達成挑戰
5. 必須是可衡量的

長期目標

運動員將掌握基本的地板球技能、適當的社交行為和成功參與地板球比賽所需的規則知識。

評估目標查核表

1. 寫一份目標宣言。

2. 目標是否足以滿足運動員的需求？

3. 目標是否正向描述？如果不是，請重寫。

4. 目標是否在運動員能掌握的範圍內，是否只專注於他／她的目標而不是其他人的目標？

5. 目標是否為目標而非結果？

6. 目標對運動員是否足夠重要，以至於他／她願意為實現目標而努力？有時間和精力去達成嗎？

7. 這個目標將如何改變運動員的生活？

8. 運動員在實現這個目標的過程中可能遇到哪些障礙？

9. 運動員需要學習怎麼做？

10. 運動員需要承擔哪些風險？

練球時間表確認

　　一旦確定及評估你的場地，就可以確認你的訓練和比賽時間表了。重要的是要公佈訓練和比賽時間表，以提交給以下感興趣的團體。這有助於提高社會對你們特殊奧運地板球計畫的認識。

- 機構代表
- 當地特殊奧運計畫
- 志願性教練
- 運動員
- 家庭
- 媒體
- 管理球隊成員
- 裁判

　　訓練和比賽時間表不限於下方列出的領域。

- 日期
- 開始和結束時間

- 登記和／或集合地點
- 機構聯絡電話
- 教練聯絡電話

規劃地板球訓練課程的基本要素

特奧運動員對簡單、完善的日常訓練反應良好，可以熟悉。在出發前準備好一份有系統的計畫，將有助於建立這樣的常規，幫助你充分利用有限的時間。建議的訓練計畫概述如下。

熱身／伸展

- 每位球員都帶球熱身；即低強度的運球訓練。
- 伸展每個肌肉群。
- 讓球員帶頭伸展，而教練在必要時協助個別球員。
- 以一個有趣的運球／捉人遊戲來結束熱身。

技能說明

- 快速複習和練習之前教過的技能。
- 介紹技能活動的主題。
- 簡單而生動地示範技能。
- 分成六人以下小組進行練習。
- 必要時對能力較低的球員提供體能上的幫助和提示。
- 在練習課程初期介紹及練習新技能。

比賽經歷

- 球員透過比賽就能學到很多。比賽就是良師益友。
- 利用小比賽（一對一／三對三）來指導基本規則和理解比賽。
- 利用爭奪戰來指導基本姿勢和重新開始。

- 總是給予至少 10 分鐘的自由比賽時間，教練什麼都不說。讓他們打球吧。

收操

- 慢跑／步行／伸展。
- 當球員們收操時，點評這次的訓練和下一場比賽。
- 最後以球隊隊呼結束。

練球注意事項

- 在設計練習、鍛鍊和演練時，請考慮每位球員和團隊的整體優勢和劣勢。選擇一些活動，讓你的球員在比賽中改善自己的劣勢、發揮自己的優勢。
- 進行教學，讓你的球員學會互相指導。指導他們成對或成組觀察正確和不正確的技術、動作和決策。球員彼此之間的反饋對於建立團隊的團結將是無價的，並有助於球員對比賽有更深刻的理解。
- 使練球變得有趣。設計能吸引球員注意力的練習。採用你球員喜歡的鍛鍊和演練。採用這些鍛鍊來減輕運動負荷，並建立積極的團隊態度。練習演練時，要做足夠的動作來提高技術，但又不能讓運動員感到厭煩。
- 儘量少說話。簡明扼要的說明勝於長篇大論的解釋。
- 願意創造或調整演練，以滿足你團隊的獨特需求。熟練的球員掌握演練的速度相當快，所以要增加一些新花樣來挑戰這些球員。
- 在介紹新技能、新技術的同時，也需要複習基本技能和技術。演練是解決球員技術缺陷的好工具。
- 在練習課程初期，當球員們感到新鮮和專注的時候，介紹新技能在將新技能融入更複雜的演練和比賽情境之前，先練習幾天。
- 而最重要的是，要有條不紊。

準備練球

你的練球計畫

　　練習是你教學、犯錯、鍛鍊體能、練習比賽策略和戰術並為下一場比賽做準備的過程。一個成功的練球計畫可以創造一個幫助你實現目標的環境。牢記目標，為實現這些目標而專門設計練習。務必確定每個練習階段所需的時間。然而，願意根據具體情況調整時間。

　　你需要制定一個賽季計畫，就像你制定你的個別練習課程一樣。花時間為你的球隊回顧每週巡迴賽和聯賽的目標和目的。在賽季開始前寫下這些目標。每一次練習課程都是表現的一個環節。每一個環節與隊友配合得越好，團隊表現愈強大。

裝備設置

　　在每天開始練習之前，確定練習順序及裝備設置的位置。在可能的情況下，在開始練習之前先設置好練習場地和裝備。設置及移動裝備會浪費寶貴的練習時間。提前設置裝備，並分配不同的組別拿出球、錐、網、球門和其他裝備。你也可以指定鍛鍊隊長，協助組織隊員進行演練，在團隊中培養領導者。

訓練場地

　　網格是組織球員並充分利用練習場地的好方法。其可以讓你將球場分成不同的區域，這些區域的大小可以依球員的技能水準和參與人數進行調整。你可以利用三角錐、旗子或其他標誌來設立網格邊界。

　　地板球比賽是關於時間和空間。最佳球員能在短時間和小空間內控制球。較不熟練的球員需要更多的時間和更大的空間來表現。訓練場地讓你可以根據運動員的技術能力來調整比賽場地。

　　你可以利用附件訓練場地來制定自己的比賽和比賽策略。

訓練場地樣本

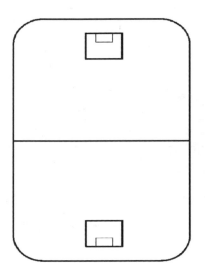

有效訓練課程的原則

維持所有人的活躍	運動員需要成為積極的傾聽者。
制定明確、簡潔的目標	當運動員知道對他們的期望時，學習能力就會提高。
給予明確、簡潔的指示	示範－提高教學準確性。
記錄進度	你和你的運動員一起製作進度表。
給予正向反饋	強調並獎勵運動員做得好的事情。
提供多樣化	多樣化的鍛鍊－避免無聊。
鼓勵享受	訓練和比賽很有趣；有助於你和你的運動員以這種方式持續下去。
建立進度表	當資訊從以下幾個方面進展時，學習效果就會增加： • 從已知到未知－成功發現新事物 • 從簡單到複雜－明白「我」可以做到 • 從一般到特定－這就是「我」如此努力的原因
規劃最大程度地利用資源	利用你所擁有的裝備，並對你沒有的裝備進行即興創作－創新思維。
考慮到個體差異	不同運動員、學習速度不同、能力不同。

練習範例

分鐘數	事件	方式	原因	所須裝備
0-5	自我介紹，並解釋什麼是地板球	將參與者圍成半圓	告訴參與者什麼是地板球	以一根球桿和一顆球來展示裝備
6-15	自我介紹，並解釋什麼是地板球	參與者圍成半圓		每人一根球桿和一顆球
16-25	雙人傳球	參與者兩人一組	熟悉球桿、球和球面	每人一根球桿、每組一顆球
26-35	運球繞三角錐	場邊以三角錐排成一列，參與者在每個角落排成兩排，各使用一顆球 參與者每次都繞著三角錐前進，以桿頭和身體掩護球	學習如何在移動時控球，以及如何以桿頭掩護球	球桿、球、三角錐
36-55	根據人數和場地大小，進行 3 對 3 的比賽，或者進行小型巡迴賽	球員分成兩隊，或者若為小型錦標賽，則分成四隊，每隊之間進行比賽（比賽時間根據剩餘時間而定）	為了好玩，及熟悉規則	球桿、球、球門、球門柱（如果沒有真正的球門網）、背心、一個裁判哨。
56-60	賽後檢討	將大家圍成半圓，看到每個人都集中注意力	確保每個人都了解課程要點（基礎知識、技能和規則）	

成功進行訓練課程的訣竅

☐ 根據你的訓練計畫，分配助理教練的角色和職責。

☐ 在可能的情況下，在運動員抵達之前準備好所有的裝備和場地。

☐ 介紹並答謝教練和運動員。

☐ 與大家一起回顧預定計畫。隨時通知運動員時間表或活動的變化。

☐ 根據天氣和設施更改計畫，以適應運動員的需求。

☐ 在運動員感到厭煩和失去興趣之前，更換活動。

☐ 演練和活動要簡短，這樣運動員就不會感到無聊。讓每個人都忙於鍛鍊，即使是休息。

☐ 在練習結束的時候，專門安排一個有趣的團體活動，結合挑戰和樂趣，總能讓他們在練習結束時有所期待。

☐ 如果活動進行得很順利，趁著興趣高漲時停止活動往往是很有用的。

☐ 總結課程，並宣佈下次課程的安排。

☐ 保持基本的「樂趣」。

安全進行訓練課程的訣竅

　　儘管風險很小，但教練有責任確保運動員知道、了解和認識地板球的風險。運動員的安全和福祉是教練最關心的事情。地板球並不是一項危險的運動，但當教練忘記採取安全防護措施時，意外還是會發生。總教練有責任提供安全的條件，盡可能減少傷害的發生。

1. 在第一次練球時，制定明確的行為規則，並加以執行。

- 手不要亂摸。

- 聽教練的話。

- 當你聽見哨聲時，請「停、看、聽」。

- 在你離開比賽場地之前，詢問教練。

2. 確保運動員每次練球都有帶水。

3. 檢查你的急救箱；必要時補充庫存。

4. 對所有運動員和教練進行緊急程序訓練。

5. 複習你的急救和緊急程序。在練習和比賽期間，在現場或離現場很近的地方安排受過急救和心肺復甦術訓練的人員。

6. 在第一次練球時，制定明確的行為規則。

7. 每次練習開始時都要適當熱身和伸展，以防止肌肉受傷。

8. 透過訓練來提高球員的綜合運動水準。體格強健的球員較不容易受傷。積極練球。

9. 確保球員在比賽場上勢均力敵，球員之間對抗、正面交鋒（例如，一對一演練）。

地板球練習賽

　　我們比賽越多，得到的就越多。特殊奧運地板球策略性計畫的一部分是在地方層面推動更多的體育發展。比賽激發了運動員、教練和整個運動管理團隊。盡可能多安排比賽機會在你的時間表中。以下提供一些建議。

1. 與鄰近的當地計畫共同舉辦地板球比賽。
2. 詢問當地高中球隊，你的運動員是否可以在練習地板球比賽中與他們比賽。
3. 加入當地社區地板球聯盟、俱樂部和／或協會。
4. 在你的社區中建立自己的地板球聯盟或俱樂部。
5. 每週在該地區舉辦地板球比賽。
6. 在每次訓練課程結束時，加入比賽元素。

模擬比賽情境

　　地板球需要準確、快速的決策。判別情勢、了解比賽並做出適當決策的能力非常重要。判別技能最好在比賽環境中學習。創造練習情境，強調比賽中可能會遇到的技能和戰術。營造像比賽一樣的環境將有助於你的球員學會判別何時適合使用某些技能或戰術。

控球戰術

目的：一隊試圖盡可能長時間持有球權。

步驟

1. 在球場的指定區域做記號。
2. 建立人數不等的隊伍，人數較多的隊伍先取得控球權。
3. 一隊將持有一顆或多顆球。
4. 持球的球員只能在標記區域內移動。
5. 持球球員控球不限次數，時間不超過三秒。

王牌

目的：在進攻時儘量多射門多得分，並訓練傳球。

步驟

1. 8 名球員，每隊 3 名，1 名守門員、1 名王牌。
2. 組成 2 隊，每隊 3 名球員，穿不同顏色的背心。
3. 兩隊應試圖獲得控球權，且看看是否能射門得分。
4. 王牌將穿著與兩隊不同顏色的球衣，而王牌將始終屬於持有控球權的那一隊。
5. 控球的球隊將始終有 4 名球員，而防守的那一隊則只有 3 名球員。
6. 如果一隊丟了球權，王牌將換隊到另一隊，而該隊現在將持有控球權。

選擇球隊成員

傳統特殊奧運或融合運動球隊能否成功發展，關鍵在於選擇適合的球隊成員。以下提供一些主要注意事項。

能力分組

當所有球隊成員具有差不多的運動技能時，融合運動地板球球隊將發揮最佳作用。能力遠勝於其他隊友的夥伴，不是將控制比賽，就是不全力以赴以配合其他人。在這兩種情況下，互動和團隊合作的目標都會減弱，無法真正獲取比賽經驗。

年齡分組

所有球隊成員的年齡應該非常接近。

- 21 歲（含）以下的運動員，年齡 3-5 歲內為一組。
- 22 歲（含）以上的運動員，年齡 10-15 歲內為一組。

舉例來說，對於地板球，8 歲運動員不得與 30 歲運動員比賽。

創造有意義參與融合運動的機會

融合運動秉承特殊奧運的理念和原則。當選擇你的融合運動球隊時，你希望在運動賽季開始、期間和結束時都能有意義地參與。組織融合運動球隊是為了讓所有運動員和合作夥伴有意義地參與。每位隊友都應該發揮作用，並有機會為團隊貢獻。

有意義地參與也指融合運動球隊內部的互動和比賽品質。讓球隊中所有隊友都有意義地參與其中，確保每個人都能獲得正向而有價值的體驗。

有意義地參與之指標

- 隊友在比賽中不會對自己或他人造成不必要的傷害風險。
- 隊友根據比賽規則進行比賽。
- 隊友有能力也有機會為團隊的表現貢獻己力。
- 隊友們懂得如何將自己的技能與其他運動員的技能相結合,從而使能力較弱的運動員的表現得到改善。

無法實現有意義地參與,當球隊成員

- 與其他球隊成員相比,具有出色的運動技能。
- 扮演場上教練的角色,而不是隊友。
- 在比賽的關鍵時期,控制比賽的大部分環節。
- 不定期訓練或練習,只在比賽當天出現。
- 大幅降低自己的能力水準,以免傷害到別人或控制整個比賽。

個人技術賽（ISC）

個人技術賽是由 Steen Houman、Jonas Hviid 和 Jesper Hviid 及特殊奧林匹克運動會地板球體育資源團隊成員為特殊奧運地板球所開發。

這樣的素材有兩種目的。首先，這些鍛鍊可以作為巡迴賽期間比賽的附加內容。在這裡，運動員可以比賽、相互較量。由於鍛鍊是標準化的，因此運動員也能夠隨著時間追蹤自己的進度。

ISC 主要目的是作為初步劃分工具，可以提供運動員個人體能和技術能力的描繪。結合隊友的得分，可以讓組織者了解球隊的技術和體能。

ISC 不能單獨存在，因為無法衡量球員的戰術能力和比賽智慧，也無法看到運動員在球隊內部的互動。這些因素只有在真正劃分比賽中的團隊比賽中才能觀察到。

ISC 由 6 個不同的演練組成，目的是衡量運動員在地板球不同技術和身體方面的能力。運動員在每項演練中可得 0-25 分，因此總分為 0-150 分。

VIDEO
COMING
SOON

演練：

A. 繞球門射門

B. 傳接球

C. 控球 1

D. 控球 2

E. 定點射門

F. 短傳球越過障礙

演練 A、個人技術賽（繞球門射門）

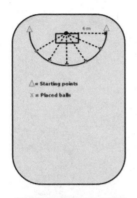

VIDEO
COMING
SOON

1) 目的：

在時間限制下，評估運動員的射門準確性及運動員從任何角度得分的能力。

2) 裝備：

- 地板球球桿、
- 5 顆球
- 膠帶
- 捲尺
- 碼錶
- 標準尺寸地板球球門（160 公分 x 115 公分）

3) 說明：

　　每顆球都放在距離球門線中心 6 公尺的位置上。這些點的間距要相等，在一個假想的半圓上相隔 30 度。運動員根據自己是右撇子或左撇子來決定起點。在收到訊號之後，運動員向第一顆球移動並朝球門射門。接下來，運動員繼續下一顆球。完成 5 次射門的時間限制為 15 秒。

4) 得分：

　　完全越過球門線進入球門的每顆球可得 5 分。分數為五次射門的總分；最高 25 分。如果先前的射門阻止球越過球門線，而裁判認為該球已進球，則得滿分 5 分。

演練 B、傳接球

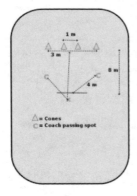

1) 目的：

評估運動員在傳接球時的控制力和準確性。

2) 裝備：

- 地板球球桿
- 5 顆球
- 膠帶
- 捲尺
- 三角錐標誌

VIDEO
COMING
SOON

3) 說明：

　　運動員從教練那裡接球，教練從左側或右側（運動員選擇）四公尺處傳球。接著，運動員透過停球來顯示控制力。接下來，運動員從 8 公尺線後傳球。運動員嘗試在距離傳球線 8 公尺處的三角錐之間傳球。運動員有 5 次射門的機會，最高得分為 25 分。

4) 得分

　　5 分：可控制傳接球，且在 1 公尺區域（中心三角錐之間）內傳球

　　4 分：可控制傳接球，且在 3 公尺區域（外部三角錐之間，但不在 1 公尺區域內）內傳球

　　3 分：難以控制傳接球，且在 1 公尺區域內傳球

　　2 分：難以控制傳接球，且在 3 公尺區域內傳球

　　2 分：控制傳接球，且在 3 公尺區域外傳球

　　1 分：難以控制傳接球，且在 3 公尺區域外傳球

　　0 分：沒有接觸到球，也沒有傳球

演練 C、控球 1

1) 目的：

評估運動員的速度和控球能力。

2) 裝備：

- 地板球球桿
- 球
- 10 個三角錐標誌
- 膠帶
- 捲尺
- 碼錶

VIDEO
COMING
SOON

3) 說明：

運動員帶球在三角錐之間奔跑，當運動員繞過最後一個三角錐時，轉身直線跑回起始線。從起始／球門線到最後一個三角錐的距離應為 20 公尺。三角錐應放置呈一條直線，分別間隔兩公尺。當運動員完成一系列動作後抵達起始／球門線的同時，時間停止。

4) 得分：

錯過或擊中任何三角錐都會使運動員的時間額外增加一秒鐘

25 分：時間少於 10.00 秒

20 分：時間在 10.00-11.99 秒之間

15 分：時間在 12.00-13.99 秒之間

10 分：時間在 14.00-15.99 秒之間

5 分：時間在 16.00-19.99 秒之間

0 分：時間超過 20 秒

演練 D、控球 2

1) 目的：

評估運動員的控球能力。

2) 裝備：

- 地板球球桿
- 球
- 碼錶
- 膠帶（如果該場地沒有任何能用的線）
- 捲尺（如果該場地沒有任何能用的線）

VIDEO
COMING
SOON

3) 說明：

　　運動員必須在 20 秒內盡可能多次運球（從反手到正手）越過兩條線。可以利用羽球場的兩條邊線，也可以在地上畫兩條線，兩邊間隔 45 公分。運動員有三次嘗試的機會，其中最好的一次作為最終得分。

4) 得分：

　　25 分：運球超過 40 次

　　20 分：運球 35-39 次

　　15 分：運球 30-34 次

　　10 分：運球 20-29 次

　　5 分：運球 10-19 次

　　0 分：運球 0-9 次

演練 E、定點射門

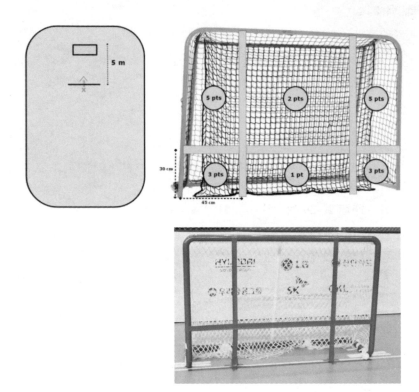

1) 目的：

評估運動員的射門準確性和持球能力。

2) 裝備：

- 地板球球桿
- 5 顆球
- 標準尺寸地板球球門（160 公分〔寬〕x 115 公分〔高〕）
- 絕緣膠帶或繩子

VIDEO
COMING
SOON

3) 說明：

　　運動員射門五次，均應從距離球門五公尺處的線上且在球門正前方射門。運動員可以選擇任何射門方式。如上圖所示，以繩子或膠帶在球門內劃定六個區塊。垂直的繩子或膠帶放置在距離兩邊球門柱 45 公分處。平行的繩子或膠帶放置在距離地面 30 公分處。（可在地板上放置第二條平行膠帶或繩子，以保持垂直線在適當的位置。）

4) 得分：

　　5 分：任何進入左上或右上區塊的射門

　　3 分：任何進入左下或右下區塊的射門

　　2 分：任何進入中上區塊的射門

　　1 分：任何進入中下區塊的射門

　　0 分：任何未能進入球門的射門

　　每次射門都必須完全越過線進入球門，運動員才能得分。唯一的例外是，如果繩子或膠帶妨礙球越過球門線。在這種情況下，運動員獲得較高區塊的分數（不含球門柱）。分數為五次射門的總分，最高 25 分。

演練 F、短傳球越過障礙

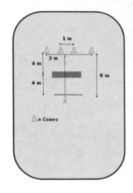

VIDEO
COMING
SOON

1) 目的：

評估運動員在短傳球（騰空傳球）越過障礙時的控制力和準確性。

2) 裝備：

- 地板球球桿
- 5 顆球
- 障礙物（高度為 25-30 公分、長度為至少 3 公尺的長凳或其他障礙物）
- 膠帶
- 捲尺
- 4 個三角錐標誌

3) 說明：

　　運動員從距離三角錐 8 公尺的固定位置出發，試圖越過障礙並在三角錐之間短傳球。球必須在著地區（障礙物和三角錐之間）觸地。

4) 得分：

　　5 分：短傳球越過障礙，在著地區和 1 公尺區域（兩個中心三角錐之間）觸地

　　4 分：短傳球越過障礙，在著地區和 3 公尺區域（外部三角錐之間，但不在 1 公尺區域內）觸地

　　3 分：短傳球越過障礙，但距離著地區很長，在 1 公尺區域觸地

　　2 分：短傳球越過障礙，但距離著地區很長，在 3 公尺區域觸地

　　2 分：短傳球越過障礙，在著地區觸地，但在 3 公尺區域外

　　1 分：球擊中障礙物，但沒有越過障礙物。

　　0 分：傳球時錯過左側或右側的障礙物。

地板球守門員服裝

守門員

守門員是球隊的最後一道防線，使其成為即使不是場上最重要的位置，也是最重要的位置之一。強大的守門員能夠激發隊友之間的信任，並激勵他們發揮出自己最好的能力。因此，對於教練來說，讓守門員參與練習非常重要，這才能發展他們的能力和技能。在練習過程中很容易忽視守門的技能，因此，以對所有球員有價值的方式安排課程是當務之急。

手套

由守門員決定是否使用手套。在練習課程開始時，特別是對於青年球員來說，為了防止受傷，強烈建議使用手套。手套要夠緊，投擲時不能影響球丟出。有專門為地板球製作的手套，但也可以使用其他適合守門的手套。

頭盔面罩

頭盔應適合守門員的頭部。

面罩應提供良好的能見度，但孔洞不能太大，否則桿頭或球可能會穿過去。

護具

護具主要用於膝蓋和手肘,以防止拉傷。護具應是牢固的,以免在練習或比賽中滑動,但也不能太緊,以免限制活動。

也建議穿上胸前防護盾或胸前有襯墊的運動衫。

所有地板球裝備製造商都會生產護具,但是對於初學者來說,厚衣服就足夠了。然而,從長遠來看,使用特製裝備是最好的。

長褲

專為這項運動而製的長褲在前面有額外的襯墊,由聚酯纖維和尼龍纖維組成。一開始,任何容許運動的長褲都可以代替特製的守門員褲。

球衣

球衣為長袖,前面有額外的襯墊,可以覆蓋胸腹部位。還應該要有領子遮住喉嚨。

VIDEO COMING SOON

外場球員服裝

球衣

　　球衣以寬鬆、材質輕薄為最佳。建議穿著短袖球衣。在所有正式比賽中，球員的號碼都必須印在球衣的背面。

短褲

　　以輕盈、防水的尼龍纖維／聚酯纖維製成且腿部活動空間充足的短褲為佳。

襪子

　　比賽中經常穿著長及膝蓋的襪子。

鞋子

　　建議穿著室內運動鞋。

不要穿戴牛仔褲、高跟鞋、首飾或手錶！

地板球裝備

　　每位球員都應該有自己的球桿,但強烈建議多準備一些球桿,讓新球員參與訓練課程時可以借用。

　　過一段時間後,他們通常會購買自己的球桿。

　　記得要同時準備左手球桿和右手球桿。

右手球桿	左手球桿

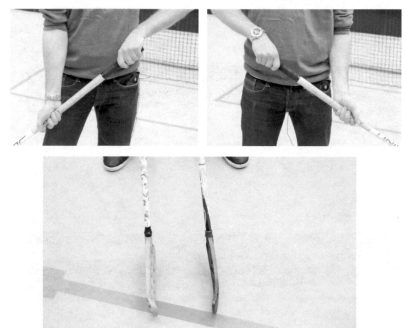

　　在參與任何形式的球隊活動時,一套背心是必不可少的。顏色鮮豔的背心有助於運動員區分隊友和對手,這對於剛開始參與特殊奧運的運動員來說特別重要。背心應該是套頭型,而不是難以穿上的西裝型。

　　需要塑膠三角錐標誌（12）來標記比賽區域和球門。如果沒有一些三角錐標誌，幾乎不可能進行訓練課程。三角錐有多種尺寸。

　　哨子在組織球員及裁判爭球時很有用。教練應盡可能使用口頭命令；然而，有些球員對哨聲的反應更好。

　　把一天的課程計畫寫在剪貼板上，將有助於你保持井然有序、按部就班。

　　一旦訓練課程開始，很容易忘記下一步要做什麼，除非你有一份課程計畫。

溜冰場

球門

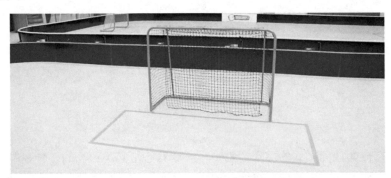

球

VIDEO COMING SOON

球桿

　　球桿身通常由玻璃纖維、聚碳酸酯或碳纖維製成，因此非常輕巧耐用。其重量通常約為 150-250 克。對於初學者來說，建議使用更彈性的桿身（28-32 毫米），因為這樣可以更容易地控制球，雖然較硬的桿身可以產生更有力的擊球效果。桿身還包括一個可更換的握柄，用於更好地控制球桿。

　　桿身的長度是選擇球桿時的另一個重要因素，因為其對比賽的安全性和學習技能有明顯的影響。球桿的長度應考慮相對於運動員的高度；可以藉由球員在面前垂直握著球桿來測量。對於兒童來說，應該達到胸骨，對於成人來說，應該達到肚臍。下面列出適合不同身高球員的建議長度：

球員身高（公分）	100	110	120	130	140	150	160
球桿長度（公分）	75	80	85	90	100	105	110

　　可以直接從商店購買 80 公分至 100 公分的球桿，但如果你想自己切割的話，應該從球桿上端切起。取下手柄和蓋子，用鋸子切割。

桿頭

　　桿頭通常由不同的塑膠化合物（PE、HDPE）或尼龍化合物（PA）製成。

　　有些製造商也會使用玻璃纖維和碳纖維。不同的材質使得桿頭有硬有軟；軟的桿頭適用於控球，硬的桿頭更適合射門。顏色不一定能反映桿頭的品質。桿頭的形狀和大小也因品牌而異。塑型桿頭將對控球有幫助。桿頭可以塑型以適合每位球員，只要符合以下準則：桿頭可以彎曲，但不能太鋒利，板面不得超過 30 毫米；不允許使用融化或破損的桿頭進行比賽。

　　從商店購買的球桿通常是直的桿頭。將其塑型，使用熱風槍、毛巾或手套及水桶中裝一些冷水。首先，從兩側加熱桿頭。它軟化的速度非常快，所以要小心不要使其融化。接下來，當桿頭足夠軟時，就可以將其塑造成所需的形狀（使用手套或毛巾，因為桿頭會很熱）。接著馬上放入冷水中，這樣才能保持其形狀。

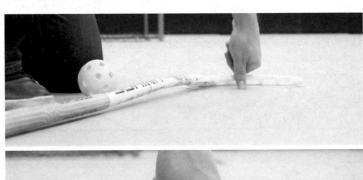

2021 國際特殊奧林匹克運動會 地板球教練指南

地板球技能教學

目錄

熱身

你可以根據接下來的活動，來改變熱身的方式！

訓練前

如果你有訓練課程，將地板球演練作為熱身的一部分是個非常好的主意。請看演練章節，這裡有幾項地板球演練，可以用於熱身。

比賽前（3 場比賽 x 20 分鐘）

如果你有比賽，我們建議開始傳統熱身

巡迴賽前

（2-5 場比賽，每場約 15 分鐘）

如果你每天有 2-5 場巡迴賽，則從長時間熱身開始。比賽結束後，確保球員們穿著長袖運動衫和運動褲來保暖。當下一場比賽開始時，利用地板球演練作為熱身。

一般

熱身階段是每次訓練或準備比賽的第一個環節。緩慢、有條不紊地開始熱身，逐漸延伸到所有肌肉和身體部位，為運動員的訓練和比賽做好準備。除了讓運動員做好心理準備外，熱身也有一些生理上的好處。

地板球是一項活動量大且亟需體力的運動。必須特別著重鍛鍊前熱身的重要性。熱身會提高體溫，為即將進行的伸展和鍛鍊準備好肌肉、神經系統、肌腱、韌帶和心血管系統的狀態。增加肌肉的彈性，受傷的機率就會大幅降低。球員必須時刻做好準備，並能夠在開球時拿出百分之百的努力。熱身有三種類型。

被動熱身是指透過外部手段提高體溫，如按摩、加熱墊、蒸汽浴或熱水淋浴等。體力有限的運動員可能受益於被動熱身。

一般熱身透過主要肌肉群的運動來提高整體體溫，這些肌肉群可能與即將進行的活動有關，也可能無關；例如，慢跑。

專項熱身集中在即將進行的活動中欲使用的身體部位，並模擬該活動；例如像射門一樣擺腿。

- 提高體溫
- 增加新陳代謝率
- 增加心跳率和呼吸率
- 使肌肉和神經系統為鍛鍊做好準備

熱身是為接下來的活動量身打造的。熱身包括主動運動，引導至更劇烈的運動，以提高心跳率、呼吸率和新陳代謝率。團體熱身也很有幫助。這增強了球員在團隊結構中的歸屬感。熱身階段將包括以下基本步驟和組成元素：

活動	目的	時間（最小值）
緩慢有氧跑步	肌肉充血	5 分鐘
伸展	增加活動範圍	10 分鐘
地板球演練	訓練／比賽的協調準備	10 分鐘

跑步

跑步是運動員日常鍛鍊的第一項。運動員首先透過慢跑 3 至 5 分鐘來使肌肉充血。這樣可以使血液循環通過所有肌肉，從而為肌肉伸展提供更大的彈性。跑步開始時速度很慢，接著逐漸加快速度，直至跑完；然而，運動員在跑完全程時甚至都沒有盡到全力的 50%。記住，這個階段熱身的唯一目的是循環血液、刺激肌肉，為更劇烈的活動做準備。

伸展

伸展是熱身和運動員表現中最重要的環節之一。越有彈性的肌肉越強壯健康。越強壯健康的肌肉對鍛鍊和活動的反應越好，有助於防止運動員受傷。

雖然所有肌肉的熱身都很重要，但地板球最重要的肌肉是內縮肌、腿筋、大腿、小腿、手腕、肩膀和跟腱。鼓勵球員慢慢來、放鬆自己進入伸展狀態。急促、突然的動作會對運動員造成損傷和傷害。在伸展時保持穩定的呼吸也很重要－鼻子吸氣、嘴巴呼氣。

地板球演練

演練是一種循序漸進的學習，從低能力水準開始，進展到中等水準，最後達到高能力水準。鼓勵每位運動員達到他們可能的最高水準。

透過重複練習所要進行的一小段技能，來強化動感動作。很多時候，為了強化執行技能的肌肉，會誇大動作。每次教練課程都應該帶領運動員完成整個過程，以使他們了解構成比賽的所有技能。

例行熱身示範

簡易有氧跑步
柔韌性伸展
三頭肌伸展
側伸展
內縮肌伸展
仰臥腿筋伸展
腿後肌伸展
鞍馬式伸展
跨欄式伸展／反向
股四頭肌伸展
腹部伸展
腳趾分離
自由伸展
腿部前後擺動
側邊擺動
弓箭步
律動演練
簡易跨步跳
抬膝
高抬腿跨步跳
踢臀慢跑
跨步跳踢

收操

收操與熱身同樣重要；然而，人們往往忽略了收操。突然停止活動可能導致血液淤積，減緩運動員體內廢物的排出。對特奧運動員來說，也可能導致抽筋、酸痛和其他問題。收操會逐漸降低體溫和心跳率，並在下次訓練課程或比賽之前加快恢復過程。收操也是教練和運動員談論課程或比賽的好時機。

徹底的收操還能分散在劇烈運動期間堆積於肌肉中的大部分乳酸。劇烈運動後沒有適當收操，會導致第二天肌肉僵硬和疼痛。

活動	目的	時間（最小值）
緩慢有氧跑步	降低體溫 逐漸降低心跳率	5 分鐘
輕度伸展	排出肌肉中的廢物	5 分鐘

熱身和收操的過程對球員的安全至關重要，教練的作用是確保球員充分遵循他的指示。

伸展

　　柔韌性是運動員在訓練和比賽中取得最佳成績的主要因素。柔韌性是透過伸展來實現的，而伸展是熱身的關鍵元素。在訓練或比賽開始時，進行簡單的有氧慢跑後即可進行伸展。

　　先從簡單的伸展到緊繃點開始，保持這個姿勢 15-30 秒，直到拉力減弱。當緊繃感緩解時，慢慢進一步伸展（發展），直到再次感覺到緊繃。再保持這個新姿勢 15 秒。每次伸展動作應在身體兩側重複 4-5 次。

　　伸展時繼續呼吸也很重要。當你屈身伸展時，呼氣。一旦達到伸展點，保持伸展的同時繼續吸氣和呼氣。伸展應該成為每個人日常生活的一部分。事實證明，每天持續有規律的伸展具有以下效果：

1. 增加肌肉－肌腱單位的長度
2. 增加關節活動範圍
3. 減少肌張力
4. 培養身體意識
5. 促進循環增加
6. 讓你感覺良好

　　有些運動員（例如患有唐氏症候群的運動員）的肌張力可能較低，肌肉較為柔軟無力。注意不要讓這些運動員做超出正常、安全範圍的伸展動作。有些伸展動作對所有運動員來說都是危險的，不得成為安全伸展運動的一部分。這些不安全的伸展動作包括以下：

- 頸部向後彎曲
- 軀幹向後彎曲
- 捲動脊椎

只有正確執行伸展才有效。運動員需要注重正確的身體定位和調整。以伸展小腿為例。許多運動員在跑步時，沒有保持腳掌向前。

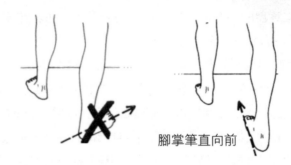

腳掌筆直向前

運動員在伸展中另一個常見的錯誤是為了更好地伸展臀部而彎曲背部。一個簡單的例子是坐姿伸腿。

你可以想像，為了達成目標，有許多伸展和變化。

然而，我們將集中在主要的肌肉群做基本的伸展。在此過程中，我們也將指出一些常見的錯誤，說明糾正方法，並找出更特定於比賽的伸展。此外，我們也會有一些提醒，在伸展時要保持呼吸。我們將從身體頂端開始，一路下來到腿和腳。

指導訣竅

□ 試著降低球員/教練的比例

□ 重要的是，教練和助理要確保有效進行伸展，且不會對運動員造成傷害。要做到這一點，可能需要直接、個別的體能幫助，特別是對能力較差的球員。

□ 有些伸展需要良好的平衡感。如果平衡有問題，可以採用坐姿或臥姿伸展動作。

□ 教練應該注意未適當進行鍛鍊的運動員，同時對有效進行鍛鍊的運動員給予個人關注和加強。

□ 將伸展作為對運動員的「機會教育」。解釋每種伸展動作的重要性以及正在伸展的肌肉群。之後，詢問運動員為什麼每項伸展鍛鍊都很重要。

伸展－快速參考準則

開始放鬆

在放鬆和肌肉暖和之前，不要開始

按部就班

從身體頂端開始，慢慢往下

從一般到特定的過程

先從一般的鍛鍊開始，再進入比賽特定鍛鍊

發展前的簡單伸展

緩慢、漸進地伸展

不要彈跳或猛拉以使其伸展得更遠

利用多樣化

使其變得有趣同樣的肌肉以不同的方法鍛鍊

自然呼吸

不要憋氣，保持冷靜和放鬆

考慮到個體差異

運動員以不同的水準開始和進步

定期伸展

始終包含熱身和收操，在家伸展時也一樣

地板球球員的有氧適能

地板球需要長時間奔跑；因此，你的球員必須能夠有氧呼吸產生能量。有氧適能很重要，主要有三個原因。雖然地板球運動員需要有氧運動能力，但他們不需要成為長跑運動員。在健身方法上保持平衡。設定標準，但不要把健身放在培養優秀地板球運動員和優秀地板球球隊的最終目標之上。一個強健而熟練的球隊比一個強健而不熟練的球隊更強大。

以下是一些有氧適能的好處：

1. 創造良好的心血管能力並增強肌肉和肌腱
2. 使球員能夠以穩定的速度奔跑，而不會產生氧債，變得非常疲勞且無法恢復
3. 讓你的球員從短距離衝刺中快速恢復，使他們在比賽中更有效率

有氧體能在季前訓練中能得到最好的發展。然而，如果你的時間表不能在季前加入健身，你可以把健身鍛鍊與活動整合到你的每週訓練課程中。這可以透過穩定的配速跑、球技演練或健身循環來實現。

有氧適能活動示範

許多地板球的演練都會配合體能活動，以進行這方面的訓練。前往演練段落。

地板球球員的無氧適能

地板球對有氧和無氧能力都有要求。在比賽中，地板球運動員必須能夠拼命衝刺，迅速恢復，接著再拼命衝刺。當你的運動員已經發展出基本的有氧適能後，才開始無氧訓練，因為恢復能力是透過提高有氧適能而發展，在地板球運動中，對無氧速度的要求相對較低。這裡的重點是球員能夠從多次爆發的速度中快速恢復。

無氧適能活動示範

在許多地板球演練中，你可以為運動員在演練期間的跑步／運動配速。

地板球肌力訓練

肌力訓練對地板球球員來說很重要。速度、機動性和耐力等基本要素都是肌力的功能。根據總統體適能與運動委員會（President's Council on Physical Fitness and Sports），絕對肌耐力、動作能力和運動能力的提高與個人的肌力直接相關。

地板球肌力訓練通常有兩個目的：

1. 提高整體肌力
2. 發展肌肉平衡，防止運動員受傷

地板球跑步需要大量無氧能量，這與肌力直接相關。因此，肌力愈強愈能夠應對比賽挑戰，而不會導致極度疲勞，也不需要更長的恢復期。基本上，肌力訓練可以提高運動員快速奔跑和產生無氧能量的能力。地板球運動員需要能夠跑得快，有時甚至是非常快。

技能進度表－傳接球

你的運動員：	從不	有時	經常
嘗試以球桿控制球	☐	☐	☐
以腳底控制滾動的球以胸口控制球	☐	☐	☐
以胸口控制球	☐	☐	☐
以大腿控制球	☐	☐	☐
以胸口或大腿擋球	☐	☐	☐
分散身體的重量，使其能夠向後、向前或向旁邊移動	☐	☐	☐
適當判斷球的飛行速度	☐	☐	☐
選擇正確的技術和身體表面來控制球	☐	☐	☐
總計			

握住球桿

　　球桿有兩個不同的方向－左和右，取決於握桿時哪隻手比較低。通常會根據球員是左撇子或右撇子來做決定。大多數地板球球員使用左桿，因為他們是右撇子。然而，應根據哪一邊感覺更自然來選擇球桿。以前的其他運動經驗可能會影響你握桿的方式。例如，草地曲棍球球員傾向於選擇右桿。有一個幫助球員選擇該使用哪一面球桿的好方法，將球桿放在球員面前，並請他或她只用一隻手拿起球桿。如果運動員用右手拿起來，建議以左桿開始使用。相比之下，大多數右撇子網球運動員都是用右手打球。

右手球桿　　　　　　　　　　　左手球桿

VIDEO
COMING
SOON

個人技術

為了打比賽，你需要知道如何執行某些技能。這些技能為：

- 傳接球
- 射門
- 運球

傳接球

第 1 級

對於初學者來說，最重要的是要強調每次傳球的目的都是為了讓接球者立刻拿到球權。因此，每次傳球都應該準確，且力道應適合不同情況。從技術上來說，傳接球重要的是姿勢和握桿。姿勢應該像比賽一樣。

- 雙腿分開與肩同寬，一隻腳稍微向前
- 重心低，膝蓋彎曲，背部挺直
- 抬起頭
- 桿頭貼地
- 雙手穩定握住：上面那隻手蓋住整個上端，下面那隻手與上面那隻手距離至少 20 公分

姿勢和握桿會根據不同的技術略有所變化，但有一點是不變的，那就是控球時的緩衝和柔軟性。球員之間的距離是決定傳球速度和力道的重要因素。在決定正確的傳球技術時，也應該要注意其他的目標，如對手、球桿和桿頭。

傳球位置

- 側身
- 兩腳併攏，膝蓋彎曲，稍微分開
- 抬起頭
- 球靠近桿頭

反手傳球

推球傳球

傳球	握桿	執行	時機
正手傳球 一順勢動作	雙手穩穩握住，下面那隻手靠近握把下緣	雙手穩穩握住，下面那隻手近握把下緣	雙手穩穩握住，下面那隻手靠近握把下緣
正手傳球 一短傳	正手傳球 一短傳	觸球的時間很短。球碰到桿頭飛出，沒有順勢動作在前腳的水平線上如果擊球的位置太靠前，或者桿頭的角度太大，球就會飛到空中	傳球快速而準確，幾乎可以在任何位置且急促的情況下傳球
反手傳球 一長傳	握桿是雙手，但雙手比正手傳球時更靠近	握桿是雙手，但雙手比正手傳球時更靠近	當正手傳球被對手阻擋時，使用反手傳球
反手傳球 一短傳	反手傳球 一短傳	之前所有的傳球都可以在空中執行。空中傳球時，與球的接觸至關重要，傳球的高度由桿頭的角度決定 在前腳稍微前面一點處傳球擊球的速度由揮桿決定。桿頭沿著表面直線向球滑動。在擊球的瞬間，桿頭朝後	之前所有的傳球都可以在空中執行。空中傳球時，與球的接觸至關重要，傳球的高度由桿頭的角度決定 在前腳稍微前面一點處傳球擊球的速度由揮桿決定。桿頭沿著表面直線向球滑動。在擊球的瞬間，桿頭朝後
單手傳球 一反手 一正手	只用上面那隻手握桿	視情況以正手或反手擊球前，使用短揮桿。桿頭不得舉高過於膝蓋的高度	視情況以正手或反手擊球前，使用短揮桿。桿頭不得舉高過於膝蓋的高度

接傳球

- 緩衝是接傳球最重要的一環
- 球桿和身體都可以用來接或控傳球。這兩種方法都必須經常練習，尤其是在第 1 級的時候
- 應該以桿頭接球（等球靠近前腳），在接觸到球的同時桿頭往後移動（手要輕）－這將使球員立即控制住球，並阻止球擊中桿頭而彈開
- 應在身體前方接球
- 接空中傳球要有良好的控球技能
- 也可以用身體來接空中傳球（胸口、大腿、腳）
- 正確接球可能在防守中拉開差距，並創造得分機會

第 2 級

　　一旦球員學會傳球技術，教練可以在練習中增加更高難度的鍛鍊。應將比賽情境納入鍛鍊，並應解釋為什麼傳接球是重要技能，及在什麼情境之下這些技能至關重要。

　　因為球的移動在比賽中往往比在練習中還要快，所以應將比賽速度納入更高級球的移動演練中。對於年輕球員，必須了解每一次傳球都應該讓接球者立刻獲得球權。

接下來要強調的是移動中的傳球和時機。教練應始終鼓勵球員：

- 移動中傳球
- 傳球後總是繼續移動
- 透過向傳球方向或側身移動，在移動中接傳球－不要等著球傳到你手上
- 作為持球者，抬頭看清楚其他球員的位置
- 作為非持球者，透過移動創造傳球路線
- 準備好傳球或接傳球
- 作為非持球者，以球桿或其他暗號指示持球者傳球的位置
- 在可能的情況下直接傳球

VIDEO COMING SOON

VIDEO COMING SOON

射門

第 1 級

　　射門的技術和傳球的技術一樣，只是用了更多力量。應保持與傳球技術相同的握桿和姿勢。在球員職業生涯開始的早期就應該強調射門，因為事實上，大多數的進球都是射門的結果。此外，也應該從一開始就明瞭從哪裡射門，以及根據球員狀況和位置選擇最合適的射門方式。甚至應該教年輕球員從不同的、不熟悉的位置射門。另外，直傳射門，無論是地板或空中，都應列入每次練習的範圍。直接射門會讓守門員更難做出側向移動的反應，也會讓防守球隊更難預測射門。傳球直接射門要有良好的傳球技能，這也是要掌握的。

射門	握桿	執行	時機	優點	缺點
長射程腕射／拖射	與傳球相同－正手	一腳在前，重量就落在後腳上。桿頭沿表面有很長的反向驅動力，球在前腳的水平線上丟出射門結束時，桿頭應指向球門，重量應完全轉移到前腳 如果是在上半身旋轉的保護動作之下射門，那麼如果射門那側的同側腳在前，則有助於移動	當球員有機會瞄準和射門時，通常是從側面向前（特別是從旋轉角度）	準確	反向驅動力需要很長時間才能執行

VIDEO
COMING
SOON

射門	握桿	執行	時機	優點	缺點
短射程腕射	同上	胸口應朝向球門，射門那側的同側腳在前 球在靠近腳前方碰到桿頭飛出	當球員接到傳球後，在靠近球門處取得位置	準確而快速，甚至在不好的位置也能射門；守門員的反應時間比其他射門少。	球員必須靠近球門

射門	握桿	執行	時機	優點	缺點
反手擊球	雙手比起腕射更靠近	射門時，求應在身體前方、稍微偏一側，一腳在前，以使上半身旋轉 射門時，球應在身體前方、稍微偏一側，一腳在前，以使上半身旋轉 拉桿可能看起來有點像高爾夫的拉桿 也可以用較短的拉桿來射門，而且難度不大，可以提高準確性	當球員有機會射門時，多為中場防守球員使用	當有球員擋住守門員時，很好的長射程射門	拉桿需要時間

VIDEO COMING SOON

射門	握桿	執行	時機	優點	缺點
猛射	握桿距離較寬，與腕射握法相似	一腳在前，球員重量在前腳，採取寬闊的姿態拉桿要相當長，但球桿不能超過腰部在擊球之前，桿頭應觸地，並在射門結束時指向球門	當球員準備好射門時，也有中場防守球員	困難且難以預測，尤其是當有球員在擋住守門員時	射門需要花時間

VIDEO
COMING
SOON

| 反手射門 | 雙手更靠近 | 同側腳在前，同側肩通常面向球門也可以在背對球門的情況下射門桿頭在前腳的水平線上或稍微在其前方觸球 | 當球員沒有空間以正手射門，或者如果 Ω 對手阻擋了正手側時 | 對守門員來說無法預測，特別是當只用一隻手時；也可以背對球門射門 | 球員必須靠近球門，通常是從非常近的距離射門 |

射門區域

在前期穿過最佳得分區域，總是鼓勵球員靠向那些區域，只要有機會就射門，也是不錯的選擇。

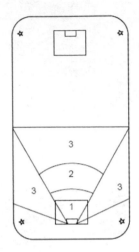

1 = 狹縫最佳區域，靠近球網，有很大的機會搶進反彈球及操控長射程射門

2 = 次佳區域，守門員要防守更大的區域，有利於側向傳球（直接射門），迫使守門員側身移動但沒有機會觸球

3 = 長射程射門和小角度射門可能會讓守門員大吃一驚，但通常都會被撲救或阻擋

第 2 級

在學會正確的射門方式和射門位置之後，最重要的是如何掌握射門的時間以及如何根據情況和位置選擇最佳射門方式。次要目標包括練習射門時機和找到一個好的射門姿勢。在比賽中做出這種瞬間的決定需要技巧和反應速度。要同時練習這些元素，最好讓更多的球員共同參與演練。

增加一名防守球員來掩護射門，使情境更像比賽。在比賽中，球員幾乎沒有射門的空檔，所以練習在壓力下射門將有助於在比賽中獲得更好的得分機會。增加另一名進攻球員為持球者提供另一種傳球選擇。因此，傳球技能以及準備好傳球也是必須的。

　　協助持球者射門也是另一種相關技能。作為未持球的進攻球員，學會如何及何時創造更多射門空檔是很重要的，無論是擋住守門員或為持球者製造射門空檔。。掌握這些技能應成為常規練習的一部分。

運球

　　護球是地板球運動員要學習最重要的事情之一。應盡早教會手眼協調，並在球員的整個職業生涯中予以加強。

　　以球桿控球、利用身體和球桿保護以維持球權、假動作運球、接空中傳球、空中擊球等，都需要大量的技術訓練。應鼓勵球員在練球期間將所有空檔用來打球。當球員排隊等待輪到自己時，就應該玩球、運球、抬球等。也應鼓勵球員在家或外出和朋友玩球。可以單獨練習一些不同的技巧（範例如下）：

- 以球桿將球抬起，並利用身體或球桿、或兩個一起接球
- 繞著腳旋轉球
- 以球桿正手和反手桿頭以及球桿上緣彈球
- 使用身體動作和假動作運球

控球的關鍵要點

　　控球是各種不同地板球技能的重要方面，包括保護球、運球、接傳球和截球（空中）以及利用身體保護球。這裡有一些良好控球的訣竅：

- 姿勢要像比賽一樣，膝蓋彎曲，重心放在腳趾上，姿勢要低，以保持重心低（平衡）
- 大腿肌肉要起作用，兩腿盡可能打開，以保持較大的保護區域（對手不得在兩腿之間打球）
- 握把要穩，雙手抓好球桿。
- 球員在以球桿保護球的同時，應抬起頭，保持對隊友和對手的警覺。
- 球桿和球應盡可能遠離對手。
- 當球離身體越遠，手就會越靠近對方。
- 桿頭應以微小的角度壓在地上
- 身體應始終處於對手和球之間，以保護球不被攔截奪去

當球在空中時，球員的眼睛應專注在球上，用身體截球（特別是在球門前）。截球的方式應該是讓球員能夠繼續向其方向移動。舉例來說：

　　如果防守球員在球門前用身體接到空中傳球，應面向中場或兩側轉身，使自己處於球和球門之間。目的是使球離開球門區域，尤其是在狹縫擁擠時。最好是用身體擋住狹縫，否則防守球員可能會不小心把球打進自己的球門。然而，進攻球員可以且應該轉身面對球門，因為其顯然想得分。

運球

應保持桿頭靠近球；應雙手握桿（當反手運球時，可採用單手握桿，以增加與對手的距離）。

單手運球   控球

帶球跑動

假動作

應練習及發展速度和身體控制。控球、快速移動、突然改變速度和方向是假動作執行得好的關鍵要素。應以假的提示,如與隊友的眼神交流,誘使對手向某一方向移動。可能虛晃射門,以繞過對手。

第 2 級

每次練習應包括個人技術訓練,尤其是年輕球員。最後,所有的技術技能都結合在比賽本身。因此,像比賽一樣的演練是練習個人技術的好方法,因為可以在像比賽一樣的環境中同時開發許多技能。這就要求球員在進行戰術動作的同時,還要使用特定的技術技能,同時培養球員的比賽意識。在演練中加入對手,給球員帶來新的挑戰－其增加了難度,有助於營造像比賽一樣的環境。

15 項簡易演練

1. 根據球員實際情況判斷。一名球員雙腳分開站立,其他球員有 15-20 秒的時間,盡可能多次把球從兩腿間傳過去。

   目的:針對初學者的常規控球

2. 圍成一個相對較大的圓圈,在這個圈裡面,有一半的球員不會有球。另一半球員在圈裡面,每人都有一顆球,現在必須運球,並將球傳給另一名沒有球的球員。接下來他們會拿回球,並四處運球,尋找新的球員傳球。中間的球員應該動起來。兩分鐘後交換。

   目的:能夠在其他球員之間運球,並在比賽中做決定

3. 保持球在桿頭上的平衡

- 自己來回轉動。接著閉上眼睛來回轉動

- 你必須將你的雙腿舉過球桿(一次一邊),再放下來

- 根據實際情況以演練互相挑戰,使球必須留在桿頭上。

目的：常規控球

4. 潘納球（Panna Ball），以小球門（椅子、背心等）進行 1 對 1 比賽。比賽持續 1-2 分鐘。每次你製造通道（球在對手兩腿之間）和進球就可以得分。兩腿之間進球得分為 2 分。比賽的贏家向上移動一條軌道，輸家向下移動一條軌道。

目的：1 對 1

5. 球員相距 6-8 公尺，將球傳給對方。在場上放置兩個三角錐，球必須通過。兩名球員務必保持相同距離（6-8 公尺），重點是在比賽中保持相同的傳球方式。

目的：傳接球

6. 3-4 名球員在同一隊，1 名球員自己一隊。在羽球場大小的場地打球。3-4 名球員必須在他們之間傳球，而那一名球員必須設法控制球。如果他能做到，或者如果球離開球場，他將與 3-4 名球員中的一名交換。那 3-4 名球員可以在球場上自由移動。

變化：一名球員允許觸球幾次？（1-4）

目的：概述、傳接球及理解該比賽

7. 組成 2 隊，每隊 2 或 3 名球員。你只用一個球門，防守方必須有一名球員來掩護球門，這樣進攻方在場上就多一名球員。如果防守方獲得控球權，則兩隊交換。

目的：創造編外情況，轉移至常規比賽。

8. 以三角錐圍成一個正方形，每個三角錐之間相隔 10 公尺。球員們分別在 4 個三角錐排隊。隊伍最前方的球員運球到斜對面的三角錐，將球交給隊伍前方的球員。4 個角將同時開始。

目的：常見有障礙物之運球鍛鍊

9. 球門朝下放在地上。球員現在必須抬起球放進球門網。所有的球都放在球門周圍。

目的：球桿技術

10. 設置 20x20 公尺的球場，放置 4 個球門在每個角落。組隊，每隊 3-4 名球員。現在這 4 支隊伍與他們對角線的隊伍進行比賽。球員需要繞過很多障礙物。以這種方式，如果球場大小為 40x20 公尺，你可以同時進行 4 場比賽，最多 32 名球員。

目的：在混亂中比賽

11. 球員把腳放在羽毛球場的兩條邊線上。他們有 3×20 秒的時間在兩條線之間來回運球，每一輪後都會反攻。球員應該表現出在本賽季中的進步。

目的：提升控球能力

12. 4 名球員站在相距彼此 3 公尺的位置，但他們站成一個 X（X 末端各有一名球員）。目前狀況是，現在地上有兩個木樁，因此接力順序是由一名球員傳到位於對角線另一端的球員（就像 X）。你現在必須通過地上的木樁，傳球給對面的球員，所以你得多加小心。

目的：一般控球能力

13. 4 名球員一組，由一名球員放置在有 4 個三角錐的軌道中間。也就是每個三角錐之間大約有 2-3 公尺的距離。其他三名球員各站一側，這樣就有一個空位。中場球員要抓住球，但不得移動至超出 4 個三角錐。其他三人現在必須彼此進行調整，但只能對角線傳球。這意味著持球球員能夠在三角錐內向另外兩人傳球。

椿腳 2

X（三角錐）X

椿腳 4 球員 1 椿腳 3

X X

如果是樁腳 4 持球，他在應該對角傳球時一定有兩次傳球的機會，樁腳 3 移動到空位一側，這樣樁腳 4 就有 2 個中間出口可以傳球。選擇樁腳 4 傳球給樁腳 3，那麼樁腳 3 又有兩個選擇，這意味著樁腳 2 要移動到剛才樁腳 3 所在的空位。

目的：概述、傳球路線及移動，進而幫助他的隊友

14. 準備一個運球球場，附三角錐，須以正手控制球。不得使用反手。

目的：控制球只能在前方很困難的，但是你也會一直是一個射門威脅

15. 球員面對面站立，距離約 8-10 公尺。每名球員面前安排一個三角錐球員們現在要彼此對打，但為了讓對方提前做好準備，則以反手接球，球拉到三角錐後方至另一側，接著向前傳球。現在球來了，以反手接球，將球拉向前。鍛鍊也可以反方向進行。

目的：接到球後，再把球送出

以多打少情境

導致以多打少的情況

只要對手根據規則違規阻止比賽並被罰 2 分鐘（含）以上，進攻方就有機會以多打少。違規行為和懲罰可在 IFF 網站（www.floorball.org）上的規則和條例以及比賽規則中找到。

善用以多打少情境

應該練習以多打少情境，因為這種情況可能會帶給團隊很大的優勢。如果明智地發揮，一名或甚至兩名球員的優勢都可能導致進球。在延時球監期間，應該讓球員清楚地知道是哪位球員是守門員交換的。

就像以多打少的情況一樣，這種優勢會給進攻方提供一個很好的機會，利用空間和時間來得分。因此，也應練習不同以多打少的情境。

可以考慮將不同技能和技術能力（例如球員的慣用手）組合成為特殊陣容。慣用右手的球員在左邊，這樣可以更好控制球，並能夠直接傳球射門。

以多打少和以少打多可以同時練習。每一種情況都要練習一種變化，讓所有隊員都確實記得如何應對。

可以組織演練，讓以多打少對以少打多的防守陣容進行攻擊。可以在球場的半場進行，其他球員在另外半場練習其他情況，如自由擊球或射門。

首先，防守方在比賽中沒有球桿或者倒置球桿。這使進攻方能夠保持球權，並練習傳球和透過移動創造傳球路線。在幾輪之後，防守方可以開始打得更有侵略性，這樣以多打少陣容就會被迫加快移動球的速度。直到射門之後即可結束。陣容在一定時間後由教練決定輪換。

當練習防守方輪換時，一開始最好不用球桿，把動作先做一遍。進攻方甚至可以在周圍丟球，以模擬球的移動。當教練看到球員們已經掌

握思路，就可以加上球和球桿，這樣就更項比賽了。應強調低姿態，保持頭和身體向上。

守門

　　守門是保護你的球門不讓對手射門的技能。其有可能是場上最重要的位置；然而，通常也是教練最容易忽略的位置。一個穩健、自信的守門員不僅僅是阻止射門。守門員是整個球隊的信心來源。守門員不是每個人都能勝任的位置，需要良好的專注力和信心。

　　確保你的守門員想站在球門前，且具有必須成功的堅強性格。守門還存在一些額外的安全隱患。教練選擇能夠安全學習勝任這個位置的球員很重要。

VIDEO
COMING
SOON

運動員準備就緒

　　守門員需要與其他球員不同的技能。守門員需要加快步伐、勇於俯衝，並具有準確丟球和接球的能力。

　　初學守門員只有在球直接打向他們時才會發揮作用。這名球員對滾地球的反應通常是把球踢開，而不是用手。該球員對快速撲向球門角落的射門時間控制能力有限。丟球給隊友可能不準確。

　　中級守門員具有良好的守門意識，掌握基本的守門技術和職責。球員橫向移動表現良好，以找到一個好的位置阻擋射門，且通常會嘗試用手拿球。球員試圖撲向地面阻擋射門，儘管可能會很慢。此級別的守門員通常無法俯衝阻擋射門，或者無法在空中進攻傳球。中級守門員通常能夠準確把球傳給隊友。

選擇守門員

　　選擇守門員時，必須考量球員的信心、溝通、控球、能力及他們的分球能力。

信心

　　守門員必須是大膽的角色，願意將自己投入禁區爭球。

溝通

　　作為最後一道防線，守門員在組織前場球員方面發揮至關重要的作用。守門員在離開球門線接應傳球時，必須始終願意大聲喊話。

控球

　　一名不會接球的高大守門員比一個安全接球的矮小守門員效率要低。

守門員的簡易演練

演練 1

目的：

- 練習手眼協調和反應

安排：

- 守門員持球站在離牆約 1-3 公尺處
- 無須頭盔面罩

執行：

- 守門員將球丟向牆壁
- 單手丟球，同一手接住
- 單手丟球，另一手接住
- 使用雙手

關鍵要點

- 球應在大約眼睛的高度從手中丟出，並應在同樣的高度從牆上彈起，以保持較短的反應時間
- 手臂應保持在基本擋球姿勢
- 手腕應該要動作

變化

- 與牆的距離也會影響反應速度
- 使用兩顆球，以右手丟出第一個球，同時將第二顆球從左手移至右手，訓練反應
- 可以兩人一組進行，讓守門員在不同距離互相丟球（與前面提到的關鍵要點相同），也可以在移動中拋球
- 也可以與另一個人、教練或守門員一起進行，從後面將球丟到牆上，反彈回到守門員
- 這也會影響反應時間，因為守門員接球無法預測球的角度或速度
- 以上都可以以跪姿進行

演練 2

目的：

- 以像比賽一樣的姿勢熱身
- 熱身手
- 練習手眼協調

安排：

- 守門員呈跪姿，相距 2-3 公尺。
- 一顆球

執行：

- 守門員用手互相擊球
  ○ 使用正手和反手
  ○ 使用雙手
- 利用反彈或在空中

關鍵要點

- 守門員應試著保持像比賽一樣的姿勢
- 守門員應隨時保持積極活躍
- 隨時控制好球，不要到處彈跳

變化

- 根據守門員的能力水準，可以同時以兩顆球進行。
- 也可以使用羽毛球或桌球裝備
- 以不同的裝備改變演練，以保持動力

了解地板球比賽

　　作為教練，我們的工作是提供正向的學習環境，讓運動員可以發展自己的地板球技能。我們的職責也是確保所有運動員，無論其能力如何，都能獲得公平的比賽機會及提高技能。同樣重要的是，運動員要培養隊地板球運動的熱愛，玩得開心，享受自己。

　　培養他們的社交能力也很重要。球員必須學會尊重教練、長官、組織和彼此。此外，運動員：

- 必須鼓勵他們始終盡力而為；
- 必須尊重裁判和比賽規則；及
- 最重要的是，他們必須尊重對手，既要做有風度的贏家，也要做有風度的輸家

　　球員會對一個良好、有組織且能能讓他們保持興趣和活躍的教練做出反應。最好準備書面訓練課程。

- 快速安排
- 積極、有目標
- 展現熱情

- 觀察及扮演角色
- 擁有正確裝備
- 在壓力下始終保持鎮定，不要大吼大叫
- 經常讚美，尤其是表揚努力
- 明白球員的發展比贏球更重要

球員將透過重複演練、樂趣和享受、小遊戲、表揚和積極加強、良好的指導和示範來學習。

球員將不會學：

1. 如果你告訴他們如何執行一項技能，卻沒有示範給他們看
2. 如果你沒有給他們足夠與球的接觸
3. 如果你過度強調贏球

球員將不會做：

1. 如果你給予抨擊性和破壞性的批評
2. 當教練和家長在場邊歇斯底里的大吼大叫時

不要假設能力較差的球員會知道比賽的基本目的或目標是什麼。這類球員可能在理解一些簡單的概念上有困難，比如區分隊友和對手及知道將球朝哪個方向移動。然而，只要堅持不懈，這些事情都可以教會任何球員。

地板球教學最好的方法就是比賽。這樣球員就可以理解這些概念。從這裡開始，你可以把比賽分成特定的演練。始終鼓勵球員，挑出他們做得對的地方，而不是做錯的地方。試著讓訓練變得好玩又有趣。最重要的是，在演練中包含進度，以挑戰他們的能力。

熟練球員的比賽

就像其他團隊比賽，地板球需要用到各種技能和能力。重要能力包括體能、運動技能、心智能力、比賽理解力和社交技能。主要體能是速度與不同形式的運動技能相結合，從而產生控制球桿的技能。為了了解團隊合作精神，球員需要對團隊戰術和角色的差異有一個很好的理解。

優良球員的特質

+ 運動技能
+ 速度
+ 耐力
+ 肌力
+ 敏捷性
+ 控球
+ 傳球技能
+ 心智能力
+ 比賽中的不同角色
  i. 持球
  ii. 支援持球球隊成員
  iii.防守持球球員
  iv.防守未持球球員

基礎地板球技能

　　這裡有一些關於地板球的基礎技能和技術教練或教師在教學及指導地板球時應注意這些事項。如果訓練得當、充分，這些技能會漸漸成為基本技能的主要部分。

傳球

- 保持球靠近球桿頭
- 傳球後，桿頭應指向傳球方向
- 保持平衡姿態
- 始終保持抬頭，以觀察該場地
- 使用直的桿頭，傳球更容易也更精確。

接傳球

- 桿頭貼地
- 平衡姿態
- 始終保持抬頭，以觀察該場地
- 試著以柔軟靈活的手盡可能平穩地觸球

射門

- 腕射：球始終貼著桿頭
- 猛射：桿頭在擊球前剛好觸地
- 始終保持抬頭
- 保護球
  - 1）球員保持平衡姿態
  - 2）利用身體、腳和手保護球
  - 3）桿頭應覆蓋球面向對手的那側
  - 4）良好控球

- 帶球跑動
  1）球始終貼著桿頭
  2）輕觸、不擊球
  3）準備好反手和正手傳球
  4）保護球

簡單比賽原則

　　良好的團隊地板球比賽有一些基本原則，可以教給所有級別的球員。這些基本原則可以在練習演練中教學，也可以在練習比賽中帶入條件。條件是鼓勵特定比賽的人為規則。舉例來說：「在接下來的五分鐘，為了鼓勵傳球，你在接球時不得運球。」以下概述比賽條件的五個關鍵原理和一些想法。

原則 1：支援持球球員

　　地板球是團隊比賽。當隊友持球時，他們必須至少與一名隊友、最好是多名一起練習。作為教練，除了單純運球外，為運動員提供多種比賽選擇是很重要的。初學者傾向於站著觀察持球者會做什麼。

　　持球球員需要隊友移動至傳球距離內的空檔，或者要球。

練習比賽條件

　　當教練喊「暫停」，所有球員必須停在原地。接著教練會問球員，他們能做什麼來協助持球球員。於是，球員跑動以取得空檔接傳球。比賽期間，表揚支援持球球員的球們。

關鍵字

- 跑動以取得空檔
- 要球

原則 2：從後方安全打球：從自己的半場傳球，不要運球

當球員持球時，他們有三個選擇：傳球、運球或射門。問題是該做什麼及什麼時候做？在你防守的半場，一個簡單的原則就是「安全、簡單」地打球。通常，在場上快速傳球比運球更安全。

練習比賽條件

教練可以通過在球隊防守半場的比賽中制定「兩次觸球」或「不能運球」的條件來鼓勵安全打球。比賽期間，表揚在防守中快速傳球的球員。

關鍵字

- 安全打球
- 從後方傳球

原則 3：在進攻中承擔風險：在對方禁區內運球

當你把球移至對方場上禁區附近時，原則 2 的相對面即適用。這時候要鼓勵更多冒險的打法，鼓勵進攻球員試著直接在球門運球，以假動作和其他動作擊敗對方。當然，位置合適的傳球也可以奏效。

練習比賽條件

當球員在對手禁區內或附近時，必須「運球和射門」。

關鍵字

- 利用你的動作
- 前進球門

原則 4：只要有好機會就射門

雖然地板球是一種傳球比賽，但一旦球員有任何合理的得分機會，他們就需要射門，即使有其他球員在更好的位置。傳球給隊友可能會被

攔截或失去控球權。

練習比賽條件

　　為了鼓勵射門，對需要守門員撲救的任何射門，獎勵 1 分；對進球，獎勵 3 分。

關鍵字

- 只要有機會就射門

基礎重新開始教學

　　在地板球中，當球出界時，授予一個任意球或得分。在各種情況下，都必須適時重新開始比賽。當這種情況發生時，你的球員會知道該怎麼做嗎？

　　我們經常看到特奧運動員沒有學過如何在這些情況下做出反應。很多時候，教練必須大喊指令，或者裁判覺得必須提供指導。所有級別的特奧運動員都可以學習基本的重新開始，從而成為更有成就的球員和更有力的球隊。最讓觀眾印象深刻的事情之一就是特殊奧運球隊，他們知道如何在最少的提示下重新開始比賽。教練需要在每次練習或比賽時提供幾分鐘的時間來教導重新開始。

一些提高成功率的準則

- ☐ 所有的解釋都要很簡單。在沒有完全掌握一種基本打法之前，不要提供多種重新開始的選擇。
- ☐ 使用簡單、具體的關鍵字，易於記憶，在比賽必要時可作為提示。
- ☐ 在比賽中，當需要重新開始時，只使用能夠正確重新開始比賽的球員。如果球員還沒有掌握這項技能，就在練習時多下功夫。

居家訓練計畫

1. 如果運動員每週只與教練訓練一次，而自己未做任何訓練，進步會非常有限。至少需要三次訓練課程，才能促進訓練效果。地板球居家訓練計畫旨在幫助促進運動員與家人或朋友之間的基本運動技能和健身活動。這項計畫也可作為特殊奧運夥伴俱樂部計畫的基礎。居家訓練計畫可用於家庭、學校、團體家屋和公園及娛樂計畫。

2. 沒有什麼比打球更能提高運動員的運動能力了！家長／監護人可以向運動員提出挑戰家庭比賽，以進行額外的練習或僅僅是社交活動。

3. 為了達到效果，教練應該為家庭成員和／或訓練夥伴確定居家訓練方向。這應該是一個積極的課程，讓夥伴們獲得不同活動的實際體驗。

4. 作為一種激勵工具，教練可能希望向在賽季中完成一定數量居家訓練的運動員和訓練夥伴頒發成就證書。

2021 國際特殊奧林匹克運動會 地板球教練指南

地板球規則、協議和禮儀

目錄

比賽規則

《官方特殊奧林匹克運動會地板球運動規則》（The Official Special Olympics Sports Rules for Floorball）提供了詳細規則，但在開始前，教練和運動員需要先了解基礎知識。

地板球的傳統玩法是由 5 名場上隊員和 1 名守門員在 40 公尺 ×20 公尺由溜冰場圍繞的球場上進行。

然而，特殊奧運使用小型球場模式，玩法是由 3 名場上隊員和 1 名守門員在 20 公尺 ×12 公尺的球場上進行。這兩個版本唯一的差異在於比賽和懲罰的持續時間。除此以外，它們完全相同。

雖然世界各大洲都有在打地板球，但特殊奧運地板球仍有很大的發展空間（這也是使用小型球場版的主要原因）。請注意，下方細節和規範參閱的是傳統版本。

地板球是 1970 年代在瑞典發展起來的一項室內團隊運動。地板球運動在捷克、丹麥、愛沙尼亞、芬蘭、拉脫維亞、挪威、瑞典和瑞士等發展時間最長的地區最為流行。

國際地板球協會（IFF）有 55 名成員；更多關於會員協會的資訊可以在這裡取得。地板球在拉脫維亞、澳洲、加拿大、德國、愛爾蘭、日本、新加坡、馬來西亞和美國等國家仍持續流行。

地板球的歷史

VIDEO
COMING
SOON

丈量

　　地板球可以在室內木質或橡膠墊地板上進行，也可以在籃球場進行，這使得它成為業餘和專業級別的全年運動。溜冰場的大小可以從18-22公尺寬到36-44公尺長不等，四周由50公分高的圓角板圍成。球門寬160公分、高115公分、深65公分，位在距離最近的木板末端2.85公尺。

裝備

　　地板球運動員的典型裝備包括一根球桿、一條短褲、一件球衣、襪子和室內運動鞋。除此之外，球員還可以佩戴護脛、護眼用具和重要部位的防護襯墊，儘管多數人不這樣做。在一些國家，青年球員必須佩戴防護眼鏡。

　　相較於冰上曲棍球球桿，地板球球桿相當短，最大長度為114公分。因為球桿的重量不能超過350克，所以地板球製造商生產的球桿往往是由碳和複合材料製成。

守門員

守門員穿戴的防護措施非常有限，比如加絨褲、加絨護胸、護膝和頭盔。守門員也可以穿戴其他防護裝備，如手套、護肘、護襠等，但不允許穿戴笨重的護具。守門員不使用球桿，而是用雙手打球。他們可以丟球給隊友，然而，球必須在半場界線前觸地。守門員只能在守門員禁區內用手打球。當他們完全在禁區外時，則視為場上球員，不允許用手觸球。

球

一顆地板球重 23 克、直徑 72 毫米。它有 26 個孔，每個孔的直徑均為 10 毫米。現在很多球都採用了空氣動力學技術，球上有超過一千個小凹洞，可以減少空氣阻力。曾有數次記錄到球以大約 200 公里 / 小時的速度飛行。

一顆地板球。這是一種精密型塑膠球，特點是有 1,516 個小凹洞，可以減少空氣阻力及地板摩擦力。

VIDEO
COMING
SOON

規則

每隊每次可派出六名球員上場，其中一名球員為守門員。然而，教練可以短時間讓守門員下場，以場上球員換下他。這可以為球隊的進攻創造優勢，雖然也可能為球隊的防守帶來劣勢。

雖然球隊在比賽中可以隨時更換個別球員，但通常整個球隊會同時更換。個別換人確實會發生，但通常是在球員精疲力竭或受傷的情況下。

地板球比賽分為三個階段，每階段持續 20 分鐘（青年 15 分鐘）。

在罰球、進球、暫停及任何不視為球在比賽中的情況下，時間都會停止。每節比賽之間有 10 分鐘的中場休息時間，兩隊交換場地和替補球員區。每隊得以有一次 30 秒的暫停時間（通常在比賽後期使用）。有兩名裁判負責監督比賽，裁判各自具有同等的權力。

地板球不允許阻擋。允許有控制的併肩接觸，但禁止像冰上曲棍球一樣的阻擋。

不允許在沒有球的情況下推球員或爭搶球，很多這樣的違規行為都會導致兩分鐘的懲罰。在合法的身體接觸方面，最好的比較是足球（英式足球），阻擋是用來改善一個人相對於球的位置，而不是將對方球員從比賽中趕出去。

除了阻擋之外，球員不能為了拿到球而舉起對手的球桿或做出任何與球桿相關的違規行為。此外，球員不得將自己的球桿舉起，或將球打到膝蓋以上，球桿也不能放在球員的兩腿之間（以免絆倒）。

當球員犯規、或當球視為無法擊打時，比賽將由任意球或爭球重新開始。任意球是指一隊球員在最後判定球無法擊打的地方開始比賽。這相當於足球中的任意球。對於許多犯規，比如有關球桿的違規行為，唯一的處罰就是對方球隊的任意球。然而，裁判可以自行決定，判罰可能導致球員遭禁賽 2 分鐘或 5 分鐘。此時，犯規的球員坐在處罰席內，

在處罰期間，他的球隊是以少打多。如果發生「極度」犯規，比如過度身體接觸或缺乏運動家精神的行為，球員可能會受到 10 分鐘的處罰，甚至是比賽不當行為。

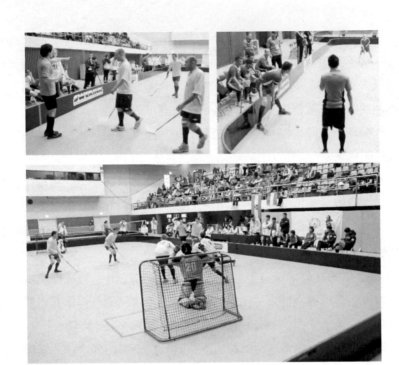

融合運動

　　融合運動球隊將由 6 名球員組成：3 名為特奧運動員、3 名為融合運動夥伴。比賽時，兩組的場上球員必須同時上場。

　　比賽時間將取決於可用的時間。

運動家精神

　　良好的運動家精神是教練和運動員對公平競爭、道德行為和誠信的承諾。在觀念和實踐中，運動家精神定義為那些慷慨大方並真正關心他人的特質。下方我們重點介紹一些如何對運動員進行運動家精神教育和指導的關鍵要點和想法。以身作則。

競爭努力的成果

- 在每次比賽中都要全力以赴。
- 練習技能的強度與在比賽中的強度相同。
- 一定要完成比賽或活動－永不放棄。

永遠公平競爭

- 始終遵守規則。
- 永遠展現運動家精神和公平競賽。
- 在任何時候都要尊重裁判的決定。

教練的期望

1. 始終為參與者和球迷樹立良好的榜樣。
2. 指導球員樹立適當的運動家精神責任，並要求學員把運動家精神和道德修養作為重中之重。
3. 尊重比賽裁判的判斷，遵守賽事規則，不出現可能煽動球迷的行為。
4. 尊重對方教練、領隊、參與者和球迷。
5. 公開與裁判和對方教練握手。
6. 制定和執行對不遵守運動家精神標準之參與者的處罰。

融合運動中運動員和夥伴的期望

1. 尊重隊友
2. 隊友犯錯時，鼓勵他們。
3. 尊重對手：比賽前後握手。
4. 尊重比賽裁判的判斷，遵守賽事規則，不出現可能煽動球迷的行為。
5. 配合裁判、教練或指揮和其他參與者進行公平競賽。
6. 如果對方表現出不良行為，不要報復（口頭或身體）。
7. 認真接受代表特殊奧運的責任和特權。
8. 將贏球定義為竭盡全力。
9. 不要辜負你教練所確立運動家精神的高標準。

指導訣竅

☐ 討論地板球禮儀，比如在比賽結束後祝賀對手－無論輸贏；隨時控制脾氣和行為。

☐ 在每場比賽或練習後，頒發運動家精神獎或表彰。

☐ 當運動員表現出運動家精神時，一定要表揚他們。

術語字彙表

術語	定義
1-2-2	比賽賽制
1-3-1	比賽賽制
2 分鐘處罰	受到 2 分鐘處罰的球員必須坐在處罰席，直到處罰結束，方可上場比賽
2+10 處罰	當 2 分鐘處罰結束時，球隊可以按照正常實力進行比賽，但接受 2+10 的球員在其處罰結束前不能參與比賽
2-1-2	比賽賽制
2-2-1	比賽賽制
3 v 3（小型球場）	每隊 3 名球員及 1 名守門員，場地為 20x12 公尺
5 分鐘處罰	粗暴的比賽導致 5 分鐘處罰
5 v 5	傳統地板球玩法是這個版本，有 5 名外場球員和 1 名守門員
臂章	球隊隊長必須穿戴這個
助攻	為進球提供協助的球員
後衛	防守球員
反手射門	你使用桿頭反手
球	只允許使用地板球專用球
桿頭	在球桿末端，有一個塑膠製成的桿頭
以少打多	當一支球隊由於受罰而以較少的球員進行比賽時
隊長	隊長負責協助裁判，且是唯一允許與裁判對話的球員
接球網	球門內接球的球網
中心	在防守方的前面、前鋒的後面
經認證	所有裝備皆必須經過認證，否則不允許使用
延時球監射門	當一名球員受到 2 分鐘處罰，裁判允許比賽繼續進行，直到未受到處罰的球隊失去球權
蓄意	地板球規則通常會區分蓄意的行為和剛好發生的事情。例如，故意用頭接球就會受到處罰。然而，當球員不小心被球擊中頭部時，比賽不受影響。
直接射門	直接在球門射門

術語	定義
拖射	射門時拖著球
有效時間	時間在每一次休息時都會停止
加時賽	即使比賽已是終場時間，也可能進行加時賽
爭球	比賽開始，以及如果裁判決定爭球。每隊各派一名球員站在對方前面，球放在地上，桿頭分別放在球的兩側。 當裁判發出訊號時，比賽即可開始 

柔軟度	球桿的硬度
腳傳球	不允許
前鋒	在比賽賽制頂端

術語	定義
任意球	因為對手犯錯而致使獲得一顆任意球你可以在任意球時得分。

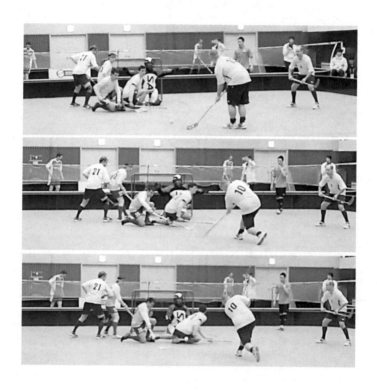

| 比賽時間 | 打 5v5 時為 3x20 分鐘，打 3v3 時為 2x7 至 2x15 分鐘之間。 |
| 手套 | 守門員可以使用手套 |

術語	定義
球門	球門的一部分
球門禁區	球門前方很小的區域，只有守門員可以進入
守門員	不允許使用球桿，必須戴頭盔
守門員區域	守門員只要身體的某部分在守門員區域內，就可以擔任守門員的角色
手觸球	不允許你使用雙手，否則將受到 2 分鐘處罰
頭接球	如果你用頭接球，你將受到 2 分鐘處罰
頭盔	守門員必須戴頭盔
舉桿過腰	不允許你舉桿過腰
發球	如果球出界，比賽將以發球開始你可以從發球中得分。
以球桿擊球	這是不允許的，將導致一顆任意球
握桿	不允許你握住對手的球桿
桿頭	將允許最多 30 毫米。
跳起	不允許為了接球而跳起來
踢球	你可以踢球，但不允許用腳傳球，如果守門員離開守門員區域，他可以把球踢走。
舉桿	不允許舉起對手的球桿
比賽處罰	如果球員收到一張紅牌，則不得再參與接下來的比賽
比賽記錄	比賽中所有的事件，得分者、陣容、助攻、處罰都將記錄下來
越位	地板球沒有越位規則
護具	守門員經常戴護膝
球監區	位在秘書處旁邊

術語	定義
罰球	從球場中間開始，球必須一直在移動，不能向後拖
期間	你打球的時間
球員	請參閱球隊
比賽時間	打 5v5 為 3x20，打 3v3 為 2x7 至 2x15 之間。如果是我們的巡迴賽，籌辦者可以更改比賽時間
以多打少	當一隊在場上有較多的球員時
裁判	經常穿著黑色，應受到尊重，所有的決定都必須遵循
溜冰場	在球場周圍，有一個高度為 50 公分的溜冰場。設置溜冰場的時間不超過 10 分鐘
關於球桿的規則	球桿必須經認證
賽程中斷不扣時	巡迴賽籌辦者可以決定是否他們想要賽程中斷不扣時
安全護目鏡	保護你的眼睛；非必要
秘書處	每場比賽都必須有秘書處，負責記錄時間和比賽協議
狹縫	球門前方區域
球桿	打球時要拿球桿
替補球員區	表示允許進行替換的位置

術語	定義
替補球員	你想要替換多少球員都可以。一般情況下,你在 1 分鐘後就可以換人。注意,在一名球員離開球場之前,另一名球員不能進入球場。
球隊	如果你打 3v3,則球隊可以包含 10 名球員;如果你打 5v5,則球隊可以包含 20 名球員
丟球	守門員得以將球丟給隊友。注意,球傳到中場前,必須先觸地
暫停	在打 3x20 分鐘時,可以有 30 秒的暫停時間。
牆	你可以將你的牆放在距離任意球或發球 3 公尺處。
腕射	你用你的手腕以快速而短促的動作進行射門。
蒙面俠	空中運球

特殊奧林匹克：
地板球——運動項目介紹、規格及教練指導準則
Floorball：Special Olympics Coaching Guide

作　　　者／國際特奧會（Special Olympics International，SOI）
翻　　　譯／陳婉如
出 版 統 籌／中華台北特奧會（Special Olympics Chinese Taipei，SOCT）

總　編　輯／賈俊國
副 總 編 輯／蘇士尹
編　　　輯／高懿萩
行 銷 企 畫／張莉榮・蕭羽猜・黃欣

發　行　人／何飛鵬
出　　　版／布克文化出版事業部
　　　　　　台北市中山區民生東路二段 141 號 8 樓
　　　　　　電話：(02)2500-7008　傳真：(02)2502-7676
　　　　　　Email：sbooker.service@cite.com.tw
發　　　行／英屬蓋曼群島商家庭傳媒股份有限公司城邦分公司
　　　　　　台北市中山區民生東路二段 141 號 2 樓
　　　　　　書虫客服服務專線：(02)2500-7718；2500-7719
　　　　　　24 小時傳真專線：(02)2500-1990；2500-1991
　　　　　　劃撥帳號：19863813；戶名：書虫股份有限公司
　　　　　　讀者服務信箱：service@readingclub.com.tw
香港發行所／城邦（香港）出版集團有限公司
　　　　　　香港灣仔駱克道 193 號東超商業中心 1 樓
　　　　　　電話：+852-2508-6231　　傳真：+852-2578-9337
　　　　　　Email：hkcite@biznetvigator.com
馬新發行所／城邦（馬新）出版集團 Cité (M) Sdn. Bhd.
　　　　　　41, Jalan Radin Anum, Bandar Baru Sri Petaling,
　　　　　　57000 Kuala Lumpur, Malaysia
　　　　　　電話：+603- 9057-8822　　傳真：+603- 9057-6622
　　　　　　Email：cite@cite.com.my
印　　　刷／韋懋實業有限公司
初　　　版／2022 年 12 月
售　　　價／新台幣 250 元
Ｉ Ｓ Ｂ Ｎ／978-626-7256-28-2
Ｅ Ｉ Ｓ Ｂ Ｎ／978-626-7256-04-6 （EPUB）

城邦讀書花園　布克文化
www.cite.com.tw　www.sbooker.com.tw